Liebe Leserin,

lieber Leser,

manchmal genügen wenige Kilometer Meer, um Menschen nachhaltig zu trennen. Ein Beispiel hierfür ist der Ärmelkanal. Zwar ist die Meerenge zwischen dem Kontinent und den Britischen Inseln schmal, doch bildet sie eine Grenze, die häufig genug in der Geschichte unüberwindbar schien. Cäsar scheiterte mit der Invasion der Inseln, ebenso Napoléon und Hitler in der Neuzeit. Und wenn sich Großbritannien heute nicht mehr zur EU zählt, so wurde seine politische Abspaltung auch durch den Kanal begünstigt. Nur einmal noch, vor 1000 Jahren, gelang es, England zu erobern (Seite 74).

Doch nicht nur seine militärische Überwindung war von Bedeutung, auch die wirtschaftliche – sie führte zum Bau des längsten untermeerischen Tunnels der Welt (Seite 80). Und sportlich ist das Durchqueren des engen Sunds schon immer die inoffizielle Prestigemarke des Freiwasserschwimmens (Seite 52).

Wir konzentrieren uns in dieser Augabe auf einige wesentliche Unternehmungen, den Ärmelkanal zu bewältigen. So fehlt naturgemäß manches: die unermessliche Bedeutung des Kanals als Rettung für flüchtende Juden etwa oder die gegenwärtige Migration Schutz suchender Menschen. Auch der waghalsige Flug Louis Blériots 1909. Ganz zu schweigen von meinen drei Anlandungen mit dem Segelboot, bei denen ich zweimal die Hilfe britischer Schiffe in Anspruch nahm.

Viel Spaß beim Lesen wünscht Ihnen

N. Gelpke

Nikolaus Gelpke

Reportage: Spurensuche in einem Straflager auf den Kapverden

Politik: Friedlicher Badespaß in einem unfriedlichen Land

Leben: Wie ein englischer Arzt einst Fischer in Kanada rettete

Leben: Liebeserklärung an ein Surfer-Ass in Kalifornien

Titel: Eine Meerenge, die Welten trennt – und zu ihrer Überwindung reizt

Kultur: In ihrer Einsiedelei erschuf Tove Jansson tierische Fantasien

Kultur: Tschechows bewegende Reise in die Entmenschlichung

Titelbild

Das Titelbild des Berliner Fotografen Jan Windszus zeigt die Kreideklippen der Seven Sisters, der „Sieben Schwestern“, an Englands Ärmelkanalküste, die heute infolge von Erosion eigentlich „Acht Schwestern“ heißen müssten. Von hier sieht man an klaren Tagen Cap Gris-Nez am französischen Ufer.

Die mare-Reportage

DIE LAST DER ERINNERUNG
Die Salazar-Diktatur in Portugal errichtete 1936 auf den Kapverden ein Konzentrationslager für Dissidenten. Unser Autor, ein Fotograf, spürte vor Ort seinem einst dort inhaftierten Großvater nach
Von João Pina **10**

Politik

STRAND DER GUTEN HOFFNUNG
In Kalia, einem Badeort am Toten Meer, vergnügen sich Israelis und Palästinenser Seite an Seite – wie selbstverständlich
Von Agnes Fazekas und Tanya Habjouqa **30**

ESSAY: DAS MEER, DIE ANGST, DAS HEILIGE
Fischern in Irland verlieh ihr tiefer Glaube einst großen Mut
Von Matthias Egeler **36**

Leben

GLAUBE, LIEBE, HOFFNUNG
Ein englischer Arzt gründete vor 100 Jahren in Ostkanada ein Netz von Krankenstationen für Fischer und Indigene. Es hält bis heute
Von Stefan Nink **38**

RADICAL ANDY
Andy Shonley aus Kalifornien ist seit 50 Jahren Surfer. Ein großer Surfer, findet unser Autor. Es ist Zeit für eine Würdigung
Von Kevin McAleer **46**

KOMBÜSE: DIE ROTARIER VON DER HAFENKANTE
„Fish, all you can eat“ – die Erfindung eines Lissabonner Lokals
Von Roland Brockmann **50**

Wirtschaft

Titel Ärmelkanal

EINMAL ÜBER DIE STRASSE
Der Ärmelkanal gilt als „Mount Everest“ der Marathonschwimmerinnen und -schwimmer. Aber Kondition, Mut und mentale Kraft allein reichen nicht. Es braucht auch gute Lotsen für den Erfolg
Von Martina Wimmer und Jan Windszus **52**

DIE FÄDEN DES SCHICKSALS
Englands Eroberung durch die Normannen im Jahr 1066 war eine Zeitenwende – und Auslöser eines nachhaltigen Traumas
Von Karl Spurzem **74**

TUNNELBLICK
Über 250 Jahre lang erregte die Idee eines Tunnels unter dem Ärmelkanal Visionäre in England und Frankreich. Aber erst vor 37 Jahren gelang es den Briten, ihre Ängste zu überwinden
Von Bernd Flessner **80**

Kultur

IM REICH DER LEISEN REBELLIN
Die Finnin Tove Jansson erfand mit den Mumins, den nilpferdigen Trollwesen, eine bunte Fantasiewelt für Kinder. Auch die Künstlerin selbst liebte es, sich einen eigenen Kosmos zu erschaffen
Von Gero Günther **88**

DIE CHRONIK DER MENSCHLICHEN KÄLTE
1890 reist der Schriftsteller Anton Tschechow in den Fernen Osten des Zarenreichs, um die Verhältnisse in den Straflagern auf Sachalin zu eruieren. Danach schreibt er sich seine Erschütterung von der Seele
Von Marko Martin **96**

Wissenschaft

EISKALTER TOD
Wer weiß schon genau, was zu tun ist, wenn man über Bord geht? Ein Vademecum fürs Überleben im kalten Meer
Von Tim Schröder und Gregory Gilbert-Lodge **112**

DIE VERWANDLUNG
Anders als bei Säugetieren und Vögeln ist das biologische Geschlecht mancher Fischarten nicht festgelegt. Der evolutionäre Vorteil hiervon scheint geklärt. Nur die Physiologie dahinter bleibt ein Rätsel
Von Till Hein **116**

RUBRIKEN

Logbuch 3
mare-Weltkarte 6
Das blaue Telefon 8
Schatztruhe 28
Leserbriefe 86
Mein Hooge 87
Salon 104
mareRadio, Termine, mareTV 118
Ausguck 120
more mare 122
Strandgut 124
Impressum/Bild- und Textnachweise 128
Vorschau 129
Meeresrauschen 130

Übrigens: *Ein schöner (Heft-)Rücken kann auch entzücken. Ein Fisch ist ein Fisch ist ein Fisch …*

1 CAPE HATTERAS
Es ist eine Win-win-Situation. Der Mensch erfindet ein ausgefuchstes technisches Gerät, um die Tiere vor ihm zu schützen, und wenn alles gut läuft, gehen sie beide damit baden.
Seite 125

2 ST. ANTHONY
Heutzutage fliehen Ärzte aus der Provinz, weil nach sechs Uhr abends kein Bus mehr fährt. Unser Held hätte beim Stichwort „strukturschwache Region" laut in seinen Hundefellmantel gelacht.
Seite 38

3 SANTIAGO, KAPVERDEN
„Das Vergangene ist nicht tot, es ist nicht einmal vergangen." Faulkners Satz könnte treffender nicht sein, wo bettelarme Kinder den Wächtern nachfolgen und ein Mann im Lager die Geschichte seines Großvaters sucht.
Seite 10

4 SETÚBAL
In der Bibel ging es nur um Brot, echt paradiesisch klingt die Mär von der wunderbaren Fischvermehrung. Zumal sie keine ist, sofern man sich nicht als deutsche Kartoffel erweist.
Seite 50

5 INIS MÓR
Gesunken wie ein Stein soll er nicht sein, weil derselbe ihn getragen hat. Wer's glaubt, wird selig als furchtsamer Fischer. Das Gegenteil beweisen die Namen, die nicht in Stein gemeißelt sind.
Seite 36

6 BAYEUX
Wenn vier sich streiten, freut sich der fünfte. Was in Folge entstanden ist, zieht sich schier endlos, und es lässt sich daraus lernen. Was auf der einen Seite tatsächlich möglich ist, ist auf der anderen von einigen nicht gewollt.
Seite 74

7 FOLKESTONE
Auf dem Wasser kriechen die Schiffe wie in Zeitlupe dahin, darunter zischen die Menschen mit 140 km/h durchs Erdenreich. Klingt wie ein seltsamer Traum, für manche ist es der größte.
Seite 52

8 NARVIK
Sport ist Mord und Baden im Winter ein eigenwilliges Hobby. Überleben lässt sich beides, sogar länger, als man dachte – selbst dann, wenn es nicht freiwillig passiert.
Seite 112

No. 156 mare Die Schauplätze

Karte: mare/RB+MKB-Deskkart

9 **KLOVHARU**
Hoch im Norden hat Immanuel Kant eine ganz eigene Denkschule begründet. Deren Protagonisten denken über die großen Fragen nach, rauchen und trinken viel dabei und sind nicht nur deswegen garantiert nicht die besseren Menschen.
Seite 88

10 **KALIA BEACH**
Dass ein warmes Bad zur Entspannung beiträgt, ist keine große Erkenntnis. In diesem Fall aber hat alles eine Bedeutung, und niemanden stört, dass der Tiefgang fehlt.
Seite 30

11 **GREAT BARRIER REEF**
Hier redet sich keiner über „gender fluidity" die Köpfe heiß. Es herrscht, wohl klüger, stummes Einvernehmen. Und wer hätte gedacht, dass ausgerechnet einer wie Nemo möglicherweise keiner mehr ist.
Seite 116

12 **SACHALIN**
Die drei Schwestern gab es noch nicht, der Bruder war tot, und sein Verleger machte dem berühmten Schriftsteller wenig Mut. Umso mutiger war es, trotzdem auf die Reise zu gehen.
Seite 96

13 **SANTA MONICA**
Es wird nie wieder wie beim ersten Mal. Uns wäre schon das letzte mehr als gut genug, was allerdings eine Fantasie bleiben wird. Vielleicht in einem anderen Leben …
Seite 46

Die mare-Weltkarte

Der Versuch, den Globus auf eine Weltkarte zu projizieren, quasi die Quadratur der Kugel, ist ohne Kompromisse zum Scheitern verurteilt. Und so sind es stets die Meere, die auseinandergerissen und verzerrt dargestellt werden. mare beschreitet mit seiner Weltkarte den umgekehrten Weg: Nach einer Projektion von Athelstan Spilhaus präsentieren wir die Meere und ihre Küsten so, wie sie tatsächlich zusammenhängen.

Das blaue Telefon

Ihre mare-Hotline in die unerforschten Weiten und Tiefen der Meere

Ihre maritimen Fragen können Sie per Telefon (0800/218 218 2, gebührenfrei) oder E-Mail (wat@mare.de) stellen. Diesmal antworteten Ihnen Jana Nitsch, Nina-Marie Lešić und Simon Wett von MARUM – Zentrum für Marine Umweltwissenschaften der Universität Bremen sowie Yannis Kappelmann vom Leibniz-Zentrum für Marine Tropenforschung (ZMT).

Wie alt ist die älteste Flaschenpost der Welt?

Beatrix Albl, Köln

Die älteste Flaschenpost wurde 2018 an einem australischen Strand gefunden – 132 Jahre nachdem sie im Wasser landete. Tatsächlich war sie im Dienst der Wissenschaft unterwegs. Sie wurde 1886 von Bord eines Handelsseglers auf der Fahrt von Wales nach Indonesien im Indischen Ozean über Bord geworfen. In der Flasche befand sich ein Zettel mit der exakten Zeit sowie den Koordinaten der Abwurfstelle und der Bitte, die Nachricht an die Deutsche Seewarte in Hamburg zu senden. Dies war im 19. Jahrhundert keine Seltenheit. Tausende Flaschen dieser Art gingen im Auftrag der Deutschen Seewarte über Bord. Ziel war die Erforschung der Ozeanströmungen anhand der zurückgelegten Strecke der Flaschenpost. Dieses älteste Exemplar legte etwa 900 Kilometer zurück. Es ist allerdings unwahrscheinlich, dass es dafür mehr als 100 Jahre brauchte. Wahrscheinlich dauerte seine Reise auf See nur einige Monate, bevor es von Sand bedeckt und erst sehr viel später durch einen Sturm freigelegt und gefunden wurde.

132 Jahre war die älteste Flaschenpost unterwegs. Vermutlich lag sie aber die meiste Zeit unter Sand

„Ambra“ klingt wie aus einem Märchen – was ist das eigentlich genau?

Lorenz Westphal, Hamburg

Ambra ist eine wachsartige, dunkle Substanz aus dem Verdauungstrakt von Pottwalen. Die Substanz ist äußerst selten und wurde früher teuer bezahlt. Bis man Ambra synthetisch herstellen konnte, war es eine wichtige Zutat etwa bei der Parfumherstellung. Daneben wurde es als Gewürz, Medizin und als Aphrodisiakum verwendet. Etwas verwunderlich, denn „frisch ausgeschieden, riecht Ambra ziemlich unangenehm. Je länger es im Wasser treibt, desto ‚meeriger‘ wird der Geruch“, weiß Claus von Hoerschelmann vom Nationalpark-Zentrum Multimar Wattforum in Tönning. Ambra dient wohl dazu, innere Organe der Pottwale vor spitzen Fremdkörpern zu schützen. In ihren Gallengängen bilden sie ein Sekret, mit dem etwa die Schnäbel von gefressenen Kalmaren umhüllt werden. Über die Jahre lagern sich immer mehr Schichten an, wobei knotige, bis kürbisgroße Klumpen entstehen. Sie werden entweder aus dem Darm ausgeschieden oder hervorgewürgt. Auch wenn Wale sterben, gelangen solche Klumpen ins Wasser. Da Ambra etwas leichter als Wasser ist, treibt es an der Oberfläche und kann an Stränden angespült werden. Besonders am Pazifik wird es immer wieder entdeckt. Eigentlich müsste es überall zu finden sein, wo Pottwale leben, also auch in europäischen Gewässern. „Es ist in unseren Breiten erfolgversprechender, im Spülsaum nach Bernsteinen Ausschau zu halten“, findet Claus von Hoerschelmann.

Wie werden Korallenriffe wiederhergestellt?

Robert Schmidt, Bad Krozingen

In den vergangenen Jahren entwickelte die Meeresforschung Konstruktionen, um Korallen in abgestorbenen Riffen wieder anzusiedeln. Die Methoden sind meist ähnlich. Bruchstücke von Korallen werden an künstlichen oder natürlichen (Riff-)Strukturen befestigt. Da Korallen eine Ansammlung einzelner Tiere – genauer: Polypen – sind, verkraften sie es, wenn sie von ihrer Kolonie abbrechen, und siedeln mit Glück an anderer Stelle. Die schnell wachsende Steinkoralle *Acropora* eignet sich besonders zum Wiederaufbau; sie passt sich gut an veränderte Umgebungen an. Bei der Ansiedlung haben sich sogenannte Reef Stars (Riffsterne) bewährt, sechseckige Gitterstrukturen, an denen mit Kabelbindern Korallenbruchstücke von etwa zehn Zentimeter Größe befestigt werden. So präpariert, werden sie nebeneinander auf dem Meeresboden abgelegt und sich selbst überlassen. Nicht alle Korallen schaffen es, sich anzusiedeln, aber solange einige Kolonien die Prozedur überstehen, reicht dies aus, um ein neues Riff wachsen zu lassen. Die Methode wurde unter anderem in indonesischen Gewässern erfolgreich angewendet. Weite Korallenwälder samt darin lebender Fische bedecken heute Bereiche, die noch vor Jahren kargen Wüsten glichen.

Warum wird im Südozean so viel zum globalen Klima geforscht?

Günter Kaiser, Mendig

Der Südliche Ozean ist sehr besonders. Er verbindet seit der Öffnung der Drakepassage zwischen Südamerika und der Antarktis vor ungefähr 34 Millionen Jahren die größten Ozeanbecken der Erde. Der Zirkumpolarstrom, der den antarktischen Kontinent umfließt und von Winden angetrieben wird, begrenzt ihn nach Norden. 34 Millionen Jahre sind zwar erdgeschichtlich eine kurze Zeitspanne, aber gemessen an der Geschwindigkeit von Klimaveränderungen sehr lang. Seit dieser Zeit ist der antarktische Kontinent vom Rest der Erde und tropischer Wärme isoliert und von Eis bedeckt. Das könnte sich jedoch durch die Veränderung unseres globalen Klimas drastisch ändern. Einen wichtigen Teil des Klimaschutzes übernimmt der Südozean. Obwohl seine Fläche nur einen Bruchteil der Gesamtozeanfläche der Erde ausmacht, nimmt er große Teile des anthropogenen Kohlenstoffdioxids auf und speichert sogar einen Großteil überschüssiger Hitze. Das System ist jedoch sehr dynamisch: Klimatisch bedingte Änderungen in der Atmosphäre – und dadurch Veränderungen der starken Winde, für die das Meeresgebiet so bekannt ist – können den Antarktischen Ozean und seine Klimaschutzeigenschaften negativ beeinflussen. Daher ist er ein wichtiges Forschungsfeld für die Zukunft vieler Menschen im globalen Süden, die am meisten vom Klimawandel betroffen sind.

Als riesiger CO_2- und Hitzespeicher hat der Südozean eine Hauptrolle im Weltklima

DIE LAST DER ERINNERUNG

In einem Konzentrationslager in Kap Verde lebten und starben politische Gefangene von Portugals Salazar-Diktatur. Unser Autor, Enkel eines der Dissidenten, begab sich vor Ort auf Spurensuche

TEXT UND FOTOS: JOÃO PINA

Die Küste der kapverdischen Insel
Santiago bei Praia

HIER ENDET ALLE HOFFNUNG

ALS DER FENSTERLOSE GEFÄNGniswagen an dem Spätsommertag an der Pier von Leixões im Norden Portugals hielt, brannte die Sonne vom Himmel, doch weit weniger stark als die Sonne, die Guilherme da Costa Carvalho auf den Kapverden erwartete, wohin man ihn auf der „Quionga“ einschiffte.

Er ahnte nicht, dass der Dampfer ihn an jenem 17. September 1949 zu dem Archipel vor Westafrika bringen sollte. Auf einem Foto sieht man Guilherme mit ernstem Gesicht gesenkten Blicks die Gangway zum Deck hinaufgehen.

Im Jahr zuvor war er wegen seiner Mitgliedschaft in der Kommunistischen Partei Portugals verhaftet worden und wartete seither im Gefängnis von Peniche auf seinen Prozess. Eines Tages sagte man ihm, dass er verlegt werde. Wohin, das sagte man ihm nicht. In einem Telegramm bittet er seinen Vater Luiz Alves de Carvalho noch: *„Sagen Sie Mama, sie soll mich diesen Freitag nicht besuchen.“*

Nach seiner Ankunft in Praia, zu jener Zeit die einzige Stadt auf Santiago und Hauptstadt der portugiesischen Kolonie Kap Verde, brachten sie Guilherme auf die andere Seite der Insel, nach Tarrafal, dem wichtigsten Straflager für Dissidenten des portugiesischen Faschismus, wo in den vergangenen 13 Jahren mehr als 30 seiner Kameraden umgekommen und viele mehr unter der sengenden Sonne an Malaria zugrunde gegangen waren.

An diesem Ort zeigte sich die Fratze der langlebigsten der Diktaturen Westeuropas. Sie war gnadenlos gegenüber denen, die ihr die Stirn boten, sie ließ jegliche Rechtsstaatlichkeit außer Acht und erhob sich über ihre Bürger, die sie an einen Ort verbannte, der durch die Worte des Lagerarztes Esmeraldo Pais Prata traurige Berühmtheit erlangte. *„Ich bin nicht hier, um zu heilen. Ich bin hier, um Totenscheine auszustellen.“*

Anfang 1936 schickte das Regime einen Emissär nach Deutschland mit dem Auftrag, den Bau von Konzentrationslagern zu erkunden. Zurück in Portugal, entwarf dieser die Pläne einer „Strafkolonie von Kap Verde“, nahe dem Ort Tarrafal auf der von Dürre, Hunger und Malaria heimgesuchten Insel Santiago.

Schon im September desselben Jahres wurde das berüchtigte „Lager des schleichenden Todes“ eingeweiht, wo einige der aus Sicht des Regimes gefährlichsten politischen Gefangenen jahrzehntelang unvorstellbare Not und Qualen erlitten, alle wegen „Verbrechen gegen die Sicherheit des Staates" verurteilt. Zwischen 1936 und 1954 waren dort 340 politische Gefangene inhaftiert, mehrheitlich Portugiesen und Weiße. Von 1962 bis 1974 litten dort 226 afrikanische Dissidenten, mehrheitlich Schwarze, die für die Befreiung von Portugals Kolonien kämpften, aus Angola, Guinea-Bissau und Kap Verde. Sie waren die Letzten in Afrika, die für die Unabhängigkeit von einer europäischen Kolonialmacht leiden mussten.

Ein Militärputsch, an dem António de Oliveira Salazar, geboren 1889, ein ehemaliger Seminarist und Juraprofessor, von der ersten Minute an beteiligt war, besiegelte 1926 das Ende der Ersten Republik und etablierte in Portugal ein autoritäres Regime. Salazar, zunächst Finanzminister, dann Ministerpräsident, behauptete sich bis 1968 als Diktator – dem Jahr, in dem er erkrankte und man ihn zum Schein weiterhin wöchentlich den Ministerrat einberufen ließ, obgleich Marcelo Caetano ohne Salazars Wissen bereits als neuer Regierungschef fungierte.

So geschah es bis zu Salazars Tod 1970. Seine engsten Vertrauten fürchteten, er werde es nicht überleben, wenn er erführe, dass er nicht mehr das Sagen hat in dem Land, für das er die Devise „Voll Stolz allein" ausgegeben hatte. Jahrzehntelang hatte er mit eiserner Hand die klerikalfaschistische Diktatur angeführt, die er „Estado Novo", „Neuer Staat", nannte. Mithilfe seiner geheimen Staatspolizei eliminierte er während seiner Herrschaft nahezu die gesamte Opposition – ausgenommen die Kommunistische Partei, die bis heute überlebt hat.

Erst mit der „Nelkenrevolution", angeführt von Soldaten, die des 13-jährigen Kolonialkriegs müde waren, endeten die 48 Jahre der Diktatur. Man schrieb den 25. April 1974; einige Tage später, am 1. Mai, waren alle Gefangenen in Tarrafal befreit. Später allerdings nutzte die PAIGC (Afrikanische Partei für die Unabhängigkeit von Guinea und Kap Verde) das Lager zur Inhaftierung kapverdischer Oppositioneller, die sich inzwischen gegen die eta-

Lesen Sie bitte weiter auf Seite 20

Linke Seite Die Eltern des Gefangenen beim Antritt einer Besuchsreise nach Kap Verde, Dezember 1949. *Unten* Das Haupttor des Konzentrationslagers von Tarrafal

DIE VERDAMMTEN

090

VIA PORTUCALE

COMPANHIA PORTUGUESA

RADIO MARCONI

DE TODO O MUNDO PARA TODO O MUNDO

RADIO DIRECTA 28 NOV 49 PORTO

4427/602 TARRAFAL 25 28 1000 =

C = CARVALHO RUAFABRICA 8 PORTO =

SATISFEITISSIMO VIAGEM PRECISO INFORMEM PLANO PARA ENCARAR POSSIBILIDADES DAQUI

AUXILIAR MAXIMO ACREDITEM NADA PRECISO ALEM FOTOGRAFIAS FAMILIARES TODOS

GRA[illegible]S ABRACOS ++

COL 4427 8 ++

INFORMAÇÕES: LISBOA - RUA S. JULIÃO, 131 · PORTO - PRAÇA ALMEIDA GARRETT, 27 · FUNCHAL - AVENIDA ARRIAGA, 34 A 36

Oben Ein Telegramm des Gefangenen Guilherme da Costa Carvalho an seinen Vater Luiz, worin er ihn um Bilder von Angehörigen seiner Mitgefangenen bittet. *Rechte Seite* Fotos politischer Häftlinge, von Luiz im Lager aufgenommen. *Von oben links nach unten rechts* Josué Martins Romão, Sohn Guilherme, Joaquim Ribeiro, ein unbekannter Mithäftling, Gruppenbild (Guilherme vorn, Zweiter von rechts), Bernardo Casaleiro Pratas

Blick über das heutige Gelände des Campo do Tarrafal. Es hat die Größe von etwa fünf Fußballfeldern. Vier große Baracken und einige kleinere Nebengebäude stehen hier. Außerhalb des Geländes befinden sich die früheren Unterkünfte der Wärter. Zum Strand von Chão Bom sind es von hier noch 800 Meter

VERLORENE GEFÄHRTEN

Linke Seite Das Besucherregister aus der ersten Phase des Lagers, 1936 bis 1954. *Ganz oben* Herculana, die Mutter des Gefangenen Guilherme, am Grab des Mithäftlings João Lopes Diniz, der 1941 in Tarrafal starb. *Darunter* Herculana am Grab von Albino Coelho; er starb hier 1940. Die Schwarz-Weiß-Fotografien stammen von ihrem Mann Luiz, die Farbbilder vom Autor

DAS LANGSAME STERBEN

blierte Einparteienregierung auflehnten. Bald nach der Unabhängigkeit der Kapverden 1975 wurde Tarrafal geschlossen, Ende der 1990er-Jahre dann als Gedenkstätte und Widerstandsmuseum wiedereröffnet.

Die Strecke nach Tarrafal lässt sich heute dank besserer Straßen und Transportmittel viel schneller als damals zurücklegen, doch Sonne und Dürre sind unverändert unerbittlich. Auf der Fahrt sehen wir kurz hinter dem Städtchen Assomada in der Ferne die Gipfel der Serra da Malagueta auftauchen, während die schmale Landstraße zwischen schwarzem Gestein und einem fluoreszierenden Grün, das an feuchte Wälder erinnert, in Serpentinen ansteigt. Bald schon geht es wieder bergab, und der Kontrast zwischen Grün und Schwarz löst sich so rasch auf wie der Nebel. Die Kurven werden zu Geraden, das Grün der Bananenstauden und Papayas weicht dem Blau des Meers, jenem tiefen Blau, das Cesária Évora mit einer Stimme, süß wie Melasse und klar wie der Grog aus Santo Antão, besingt.

Aus 1000 Meter Höhe geht es hinab zum Meer, wo eine kleine Kirche steht. Von hier kann man die Bucht von Tarrafal sehen, deren Halbrund der Monte Graciosa abschließt. Nhá Beba, die Mutter aller politischen Gefangenen auf den Kapverden, pflegte zu sagen: „Wenn sich die Wolken wie ein Halstuch um den Monte Graciosa legen, dann kommt bald Regen." Heute ist der Berg kahl, seit drei Jahren hat es nicht mehr geregnet.

Dann stehe ich vor dem Tor des einstigen Konzentrationslagers, wo vor mehr als 80 Jahren meine Geschichte ihren Anfang nahm. Guilherme da Costa Carvalho, jener politische Gefangene, der im September 1949 mit der „Quionga" hierher gebracht wurde, war mein Großvater. Ich bin hier, weil ich Tarrafal erkunden und fotografieren möchte, seine Geschichte, Guilhermes Geschichte.

Im Dezember 1949 – Portugal steckte inmitten der düsteren, bigotten Diktatur – reisten Luiz Alves de Carvalho, ein einflussreicher Börsenmakler aus Porto, und Herculana de Jesus da Costa Carvalho, eine sozial engagierte Frau, mit einer Ausnahmegenehmigung zweimal auf die Kapverden, um ihren Sohn Guilherme zu besuchen. Am 28. November 1949 telegrafiert Guilherme: *„Überglücklich [mit der] Reise, bitte schreiben Sie [mir] Näheres, damit ich hier im Voraus planen und Ihnen so weit wie möglich behilflich sein kann. Glauben Sie mir, ich benötige nichts bis auf Fotos von allen Verwandten."*

Diese Nachricht brachte meine Urgroßeltern Luiz und Herculana auf die ungewöhnliche Idee, eine Rolleiflex-Kamera mit ins Lager zu nehmen. Dort besuchten sie dann nicht nur ihren Sohn, sondern auch alle anderen, die dort gefangen waren, die meisten seit mehr als 13 Jahren, und fotografierten sie ebenso wie die Gräber der im Lager Gestorbenen. Zurück in Portugal, suchten sie die Familien der Gefangenen auf und übergaben ihnen nicht nur Fotos von deren Angehörigen, sondern übermittelten ihnen auch Nachrichten aus dem Lager, die damals nur spärlich flossen. Während dieser Besuche in Portugal fotografierten sie die zumeist äußerst armen Familien, um diese Fotos später wiederum den Gefangenen zu übergeben.

Die heutigen Überreste des Lagers sind der traurige Beweis für das geringe Interesse an Portugals Geschichte und des mit ihr verbundenen Freiheitskampfs der Kolonien. An der Stirnseite der Mauer, deren Steine die Gefangenen brechen und transportieren mussten, befindet sich das Tor, durch das man das Lager betrat, ohne zu wissen, wann man es je wieder verlassen würde.

Heute leben viele Kinder in den Häusern des früheren Wachpersonals. Sie erbetteln von den Touristen, die dem laut Kulturministerium meistbesuchten Museum der Kapverden einen flüchtigen Besuch abstatten, Geld, Süßigkeiten und Schulmaterial. Ist das Museum auch gut gemeint, so handelt es sich doch um eine äußerst dürftige Einrichtung; es fehlt an praktischen Hinweisen ebenso wie an fundiertem politischem und historischem Hintergrund. Gegen Abend lässt einer der Wächter seine Ziegenherde auf dem spärlichen Grün zwischen den Mauern weiden, wo die Natur ebenso ums Überleben kämpft wie einst die Gefangenen.

Unweit des Lagers, auf den Felsen des Strands von Chão Bom, sitze ich dort, wo die Gefangenen im Meer badeten und wo Guilherme seine Briefe an Luiz schrieb. Was mögen 70 Jahre für diese Felsen, diese Winde, diese Vulkane bedeuten? Vor sieben Jahrzehnten waren all diese Männer und Frauen hier, das ist lange her, und wir flanieren durch Jahre der Erinnerungen, der Geschichte, des Kampfs für Freiheit, Demokratie und Unabhängigkeit. Der

Linke Seite Im Inneren einer Lagerbaracke. *Unten* In Tarrafal zurückgebliebene Helme angolanischer Militärpolizisten. Sie waren nach der Wiedereröffnung 1962 zuständig für die Bewachung politischer Häftlinge aus der Kolonie Angola

GEHEIME BRIEFE

Sand auf diesen Felsen ist längst verweht, oder er wurde mit Zement vermischt, um neue Häuser für ein neues Land zu bauen, von dessen Bevölkerung zwei Drittel emigriert sind, nach Portugal, Frankreich, Holland, Italien und in die Vereinigten Staaten. Viele haben heute Ferienhäuser hier, als Beweis für ihren Erfolg im Ausland.

Dank der Korrespondenz, die Guilherme und sein Vater während der Jahre der Gefangenschaft führten und die Luiz archivierte, kann ich diese Geschichte heute zum Teil rekonstruieren. Ich frage mich jedoch, ob es sinnvoll ist, den Film der Zeit zurückzuspulen, um auf diese Weise ein Bild für die Zukunft festzuhalten. Oder geht es bei dieser Suche nicht vielmehr darum, die Vergangenheit auf einem Foto festzuhalten, um mit der Bürde der Erinnerung weiter in die Zukunft gehen zu können? Gebieten uns nicht Pflicht und Verantwortung, diese Geschichten zu erzählen?

Mein Großvater Guilherme war mehr als einmal inhaftiert. Zwischen 1948, dem Jahr seiner ersten Gefangennahme, und 1973, als er im Alter von 51 Jahren starb, verbrachte er mehr als 16 Jahre in Gefangenschaft. Sein restliches Erwachsenenleben spielte sich im Untergrund ab, wo er seine Lebensgefährtin, meine heute 90-jährige Großmutter Maria Albertina Diogo, kennenlernte. 1956 bekamen sie die Zwillinge Herculana Rosa und Luís Manuel, die sie im Alter von 20 Monaten ihrem Großvater Luiz übergaben, damit sie bei ihm aufwuchsen und ihre Eltern besuchen konnten, wenn diese im Gefängnis waren. Luiz, inzwischen verwitwet, band sich nach Herculanas frühem Krebstod 1952 noch einmal. In Briefen, noch vor der Diagnose im März 1951, schrieb Luiz an Guilherme: *„Deine Mama hütet das Bett, sie leidet in letzter Zeit unter Bauchschmerzen, was bei Frauen vorkommt.“*

Ungeachtet der offensichtlichen ideologischen Gegensätze, die zwischen einem Vater bestanden, der der einzige Börsenmakler an der Börse von Porto und folglich wohlhabend war und über Kontakte auf höchster Regierungsebene verfügte, und einem Sohn, der dem Zentralkomitee der Kommunistischen Partei angehörte, war ihr Briefwechsel von Respekt und Bewunderung geprägt. In einem Telegramm vom Oktober 1950 schrieb Guilherme: *„Morgen bin ich ein Jahr in Haft, verzeiht mir Kummer und Mühen. Es geht mir nach wie vor gut, und ich denke an alle.“* Luiz' liebevolle Antwort lautete: *„Ja, wir wissen sehr wohl, dass du genügsam bist, sogar sehr genügsam. Aber das habe ich mir nie für dich erträumt. Ich hätte nie gedacht, dass du so etwas wie Tarrafal erleiden musst. Doch so ist das Leben, und wie deine Großmutter zu sagen pflegt: Es entkommt keiner seinem Schicksal.“*

Eines solcher Schicksale, das nahezu alle Häftlinge von Tarrafal ereilte, war die berüchtigte *frigideira*, die „Bratpfanne“, eine Strafzelle außerhalb der Lagermauern. Laut Zeugenaussagen maß sie neun Quadratmeter, hatte dicke, zwei Meter hohe Wände, und Dach und Tür bestanden aus Eisenplatten. Durch die Sonne, die unbarmherzig auf den für drei Personen konzipierten Kubus niederbrannte, in den an manchen Tagen bis zu zwölf Personen gleichzeitig gepfercht wurden, glaubte man zu „braten“, daher der Name. Gabriel Pedro soll in der *frigideira* mit 70 Tagen die längste Zeit verbracht haben. Aber ebenso der Führer der Anarchosyndikalisten, Mário Castelhano, sowie der Generalsekretär der KP Portugals, Bento Gonçalves. Beide starben an den Folgen.

Der Alltag der Gefangenen hing davon ab, in welcher Phase sich das Regime gerade befand. Während des Spanischen Bürgerkriegs bis Ende des Zweiten Weltkriegs hielt Salazar sich für „unantastbar“. Die Gefangenen zwang man während dieser Jahre, in den berüchtigten *brigadas bravas*, den „wilden Brigaden“, zu arbeiten. Sie mussten Steine brechen, sie ins Lager schleppen und den Bau damit vollenden. Ihr Wasser hatten sie 500 Meter weit auf dem Rücken durch die Sonne zu tragen, sie kochten selbst und säuberten die Latrinen am Strand von Chão Bom im Meer.

Mit der Niederlage der Achsenmächte begann der Druck der Alliierten auf die portugiesische Regierung Wirkung zu zeigen. 1945, mit dem Eintreffen eines neuen Lagerleiters, verbesserten sich die Lebensbedingungen für die Gefangenen merklich, auch wenn das Konzentrationslager weiter bestand.

Das war die Lage, als mein Großvater Guilherme 1949 nach Tarrafal kam. Er berichtete darüber in den Briefen an seinen Vater. Da Vater und Sohn politische Fragen wegen der Zensur weitgehend vermieden, entwickelten sie eine codierte Sprache. Aber auch so tauschten sie sich über Gold- oder Pfundkurse aus, über den Koreakrieg und den Zustand von Mitgefangenen und Verwandten. Nicht selten liest man Sätze wie die über die bevorstehende Rückkehr des tuberkulosekranken Herminio Martins nach Portugal, wo ihm die Ärzte nicht mehr helfen konnten und er schließlich starb. *„Herminio hat sich auf*

Lesen Sie bitte weiter auf Seite 26

Linke Seite Lavabomben an einem Strand der Insel Santiago. *Unten* Straßenszene in Tarrafal. Der Ort zählt heute etwa 18 000 Einwohner und ist bei Touristen beliebt

Linke Seite Bilder von Familien der Inhaftierten in Portugal. Luiz, Vater des Gefangenen Guilherme, fotografierte sie und schickte sie den Gefangenen nach Kap Verde, oben links die Familie des Häftlings Antonio Diniz Cabaço. *Oben* Ein Schachspiel der Gefangenen. Es befindet sich heute im Archiv der KP Portugals

[dem Dampfer] Alfredo da Silva eingeschifft. Er verkennt seinen Gesundheitszustand. Er ist sehr krank. Bereiten Sie die Familie vor und treffen Sie Vorsichtsmaßnahmen." Auch über Kochrezepte sprachen die beiden in ihren Briefen, über den Regen und über Saikó, den Hausaffen der Gefangenen, den Luiz mit ihnen fotografierte und den das Wachpersonal, nachdem er einen der Gefangenen gebissen hatte, im Februar 1951 tötete.

Guilhermes einzige Freude waren die Freundschaften mit Familien der Gefangenen, insbesondere mit der Familie Papacho, die ein Geschäft im Ort besaß. Das Ehepaar versorgte das Lager mit dem Nötigsten. Anders als damals üblich hatte es nur ein Kind, eine Tochter, deren Name Lilica Papacho Boal noch heute von den Kapverdiern in Ehren gehalten wird.

Mitte der 1950er-Jahre ging Lilica Papacho zum Studium nach Portugal und kam dort in Kontakt mit den Befreiungsbewegungen der afrikanischen Kolonien und mit ihrem späteren Gefährten, dem angolanischen Medizinstudenten Manuel Boal. Nach der berühmt gewordenen Flucht von mehr als 100 afrikanischen Studenten, die in der Casa dos Estudantes do Império verkehrten, ging Lilica, bereits schwanger, nach Frankreich und anschließend in die DDR. In Guinea-Conakry kämpfte sie an der Seite Amílcar Cabrals und dessen Guerilla im Kolonialkrieg. Die heute 88-jährige Lilica gilt als Heldin der Unabhängigkeit von Guinea-Bissau und Kap Verde.

1954, in der „ersten Phase", der portugiesischen, wurde Tarrafal geschlossen und erst 1961, auf Anordnung des Ministers für Überseegebiete, Adriano Moreira, unter dem Namen „Arbeitslager von Chão Bom" wiedereröffnet. In dem Jahr begann der Krieg um die Unabhängigkeit Angolas. Mitglieder der angolanischen Unabhängigkeitsbewegungen wurden im Lager interniert. Dort ging der Widerstand insgeheim weiter, und Nhá Beba, Lilicas Mutter, beherbergte weiterhin Angehörige der Gefangenen, wenn sie Tarrafal besuchten.

Das Lager, durch das ich jetzt allein streife, war in einen Ost- und einen Westflügel unterteilt. Im Ostflügel befanden sich während der „zweiten Phase" die angolanischen und guineischen Gefangenen, aber die Gefängnisleitung verhinderte, dass sie im Innenhof zusammentrafen, damit es zu keinem „Gedankenaustausch" kam. Die große rote Akazie, die dort bei der Kapelle, die auch als Bibliothek diente, stand, gibt es nicht mehr. In ihrem Schatten schrieb der Schriftsteller José „Luandino" Vieira während seiner achtjährigen Haft seine bedeutendsten Werke. Im Westflügel befanden sich die Küche, daneben die *holandinha*, die neue Strafzelle, in der man die Häftlinge mit der Hitze und dem Geruch des Essens, das man ihnen vorenthielt, zermürbte. Auch gewöhnliche Sträflinge mussten dort darben. 1970 waren es 20 kapverdische politische Gefangene.

Zurück in Portugal und dort erneut verhaftet, nahm Guilherme 1960 an der berühmten *fuga dos lençois* teil, bei der er mit neun Genossen mithilfe eines aus Bettlaken geknoteten Seils aus der Festung Peniche floh. Als er Monate später wiederum gefangen genommen wurde, entkam er im Dezember 1961 zusammen mit einer anderen Gruppe in einer der spektakulärsten Fluchtaktionen der portugiesischen Geschichte aus dem Gefängnis von Caxias: Acht führenden Funktionären der Kommunistischen Partei gelang es, einen gepanzerten Wagen, den Hitler Salazar angeblich geschenkt hatte, zu stehlen, mit ihm das Gefängnistor zu

Oben In der Serra da Malagueta auf Santiago. Rechts im Hintergrund ist die Bucht von Tarrafal zu sehen

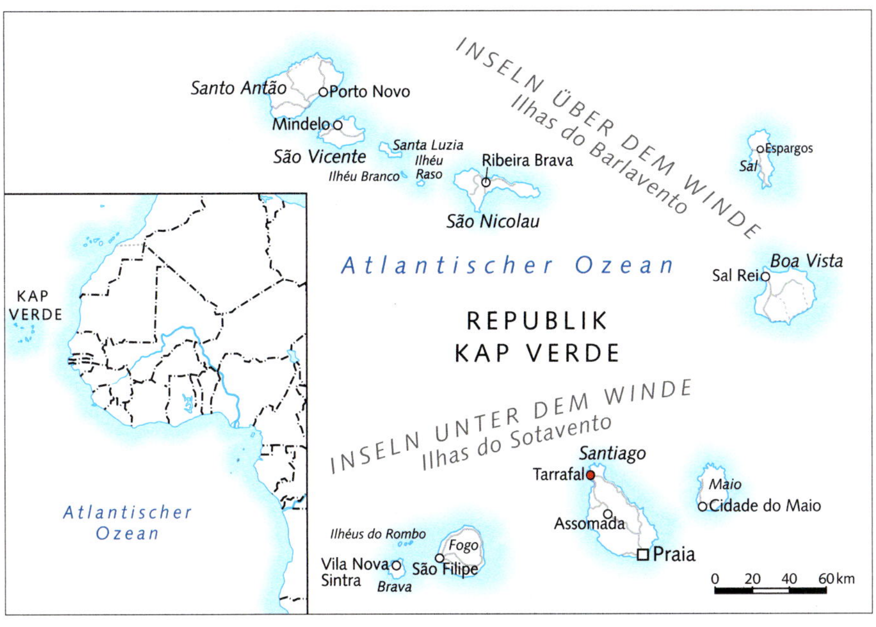

durchbrechen und unter Beschuss zu entfliehen. Nach anderthalb Jahren im Untergrund wurde Guilherme 1963 ein letztes Mal verhaftet und gefoltert. Man brachte ihn zurück ins Gefängnis von Peniche, bis er 1972, an Krebs im Endstadium erkrankt, auf nationalen und internationalen Druck hin endlich freigelassen wurde.

Am 24. März 1973, einen Tag, einen Monat und ein Jahr vor der „Nelkenrevolution", starb Guilherme. Es folgten eine große Totenwache in Lissabon und eine Beerdigung in Porto, an der Tausende teilnahmen. Portugal erlebte eine neue Protestwelle, getragen von Arbeitern und Bauern und massiv unterstützt von Studenten. Die Ehrung eines verstorbenen Regimegegners wie Guilherme war eine Art friedlichen und stillen Protests, der zu einem Ruf nach Freiheit wurde, der bis heute nicht verhallt ist.

Kurz nach der Aprilrevolution im Juli 1974 schrieb mein Urgroßvater Luiz, der nun auch seinen Sohn verloren hatte, an seine einzige Tochter, Maria Luiza:

„Ich hoffe, noch zwei Dinge tun zu können, ehe ich sterbe: 1) Die sterblichen Überreste der Toten von Tarrafal nach Lissabon holen […] 2) Einen Wettbewerb für ein Schulbuch für die erste Klasse der Sekundarschule ins Leben rufen, in dem OHNE HASS beschrieben wird, was Tarrafal war, und es vielleicht dem Andenken deines Bruders widmen."

1978, schwer krank und weniger als einem Monat vor seinem Tod, war es Luiz noch vergönnt, die Ankunft der sterblichen Überreste der Gefangenen aus Tarrafal in Lissabon zu erleben.

Was das Schulbuch betrifft, so habe ich, sein Urenkel, ein Fotograf, beschlossen, ein Buch mit Bildern und Texten über Tarrafal zu veröffentlichen, dabei stieß ich auf diesen Brief. Hoffen wir, dass Portugal, fast 50 Jahre nach der Revolution, bereit ist, dieses traurige Kapitel seiner Geschichte in seinen Schulen aufzuarbeiten.

Aus dem Portugiesischen von Inés Köbel

João Pina, geboren 1980 in Portugal, arbeitet seit dem 18. Lebensjahr als Fotograf, während der letzten 20 Jahre überwiegend in Südamerika. Seine zahlreichen preisgekrönten Arbeiten, häufig zu Menschenrechtsthemen, erschienen in großen internationalen Medien, er veröffentlichte drei Bücher und ist weltweit in Sammlungen vertreten. Derzeit lehrt er an der Columbia University in New York.

Meeresspiegel

Fundstücke aus Kunst und Literatur

Ihre Gemälde seien eng mit der Natur und den menschlichen Gefühlen verbunden, schrieb einst eine Kritikerin über die abstrakte Künstlerin Helen Frankenthaler (1928–2011). Die US-Amerikanerin, die Farben mit einer seltenen Leichtigkeit auf die Leinwand bannte, wollte für ihre Werke keine Lesart vorgeben. „Es gibt keine Regeln. Lassen Sie sich vom Bild dorthin führen, wohin es gehen muss", sagte sie der „New York Times" einmal in einem Interview. Im Gedicht des deutschen Lyrikers, Übersetzers und Literaturwissenschaftlers Jan Volker Röhnert (geboren 1976) ist der Spiegel des Meeres die Reflexion einer Erinnerung, einer Stimmung, die fast ebenso assoziativ wie Frankenthalers Bilder mit zart-romantischem Unterton berührt. Die deutsche Schriftstellerin Leona Stahlmann (geboren 1988) dagegen findet in ihren Werken eine poetische Sprache für unbequeme Wahrheiten. Ihr zweiter Roman erzählt von einer Welt, die im wahrsten Sinne des Worts untergeht. *mw*

Jan Volker Röhnert

Vormittag am Meer

Durch die eigene Anwesenheit gehen
ist Stille. Die Leute, gegenseitig,

stören nicht. Sie liegen da, aus
gezogen, am Strand, blinzeln müde

gegen die Wellen. Es ist nicht das Blau,
was von diesem Tag gesagt sein wird,

seinem Himmel, der See, es ist
die Klarheit. Man spiegelt sich

darin, wie in einer abstrakten
Erinnerung an die ersten Stunden

als sie, vor Jahren, das Kind
zum Ufer führten. Man findet sie

nicht wirklich dort, aber die Klarheit
ist intensiv wie der Geruch des Pinien

Holzes tief ist, als beginne es zu
atmen, unter der Sonne, in

einer anderen Sprache nur
als der zitronengelbe Falter

sich aus dem Laub bewegt und
Anlaß zu einem Lied mit

eingerückten Zeilen gibt, das du
den ganzen Rückweg über, bei den

Yachten vor den Klippen, der
nackten Leda, die durchs Wasser, mit

Sonnenbrille watet, ohne ein Wort
zu streichen, ohne

an der Erinnerung zu zweifeln, bis
es auf Papier steht, in Gedanken

wiederholst.

Leona Stahlmann

Aus: Diese ganzen belanglosen Wunder

Ich nehme Zenos Hand. Zeno, sage ich, weißt du, wo das letzte Licht ausgeht? Zeno schüttelt kraftlos den Kopf, seine Brust krampft sich im Husten, ich rede weiter, ich lasse seine Hand nicht los. In San Pantalon, sage ich, das ist eine winzige Kirche in Venedig. Das Wasser steigt und steht den Menschen bis zum Hals, aber in Venedig sind die Kirchen noch immer offen, sie sind offen bis zum Schluss, die Musik spielt weiter, eine Flüssigkeit wie das Wasser der Kanäle, zu der die Muscheln den Takt klappern, die Kirchen sind leer, aber das stört sie nicht, im Gegenteil, die Menschen sind die Störung gewesen, nur ein paar krustige Austern auf den steinernen Felsen der ewigen Stadt, und jetzt das Licht von Veronese mit dem Dunkel von Tintoretto allein, die steinernen Gestalten aus den Träumen der Architekten verlassen ihre Plätze auf den Mauern und Dachfirsten nicht, auch wenn die Heringsschwärme um ihre Köpfe schwimmen, und in der kleinen Kirche San Pantalon ist es immer noch hell, in der Kirche steht eine Box aus Holz, und wenn man fünfzig Cent einwirft, wird das Deckengemälde von Fumiani aus dem 17. Jahrhundert, es ist nicht besonders schön, aber sehr groß, für drei Minuten erleuchtet, und solange es noch genug Fünfzigcentmünzen gibt, geht in San Pantalon niemals das Licht aus, wir müssen nur alle regelmäßig in unseren Sofaritzen suchen, Zeno sagt nichts, und ich drücke seine Hand. Zeno, sage ich, bist du noch wach.

Helen Frankenthaler
„Sea Level“, 1976, Acryl auf Leinwand,
160 mal 226 Zentimeter, Privatbesitz

Strand der guten Hoffnung

Kalia Beach liegt am Toten Meer, im Westjordanland. Besucht wird der Strand sowohl von Israelis als auch Palästinensern. Kann das gut gehen?

Text: Agnes Fazekas Fotos: Tanya Habjouqa

Wenn Mohammad Haddad sich in seiner Hängematte zurücklehnt, hat er nur die jordanische Seite im Blick: die zinnoberrote Bergkette und darunter den reglosen Salzsee. In diesen Tagen lehnt sich der Bademeister oft in seinem Ausguck zurück, raucht eine Zigarette und trinkt Kaffee, in dem der Satz so schwarz steht wie der Schlamm am Ufer. Kalia Beach gehört jetzt den Einheimischen: den Israelis und den Palästinensern – und die, sagt er, wissen um die Tücken des Toten Meers.

Vor der Pandemie brachten die Reisebusse an manchen Tagen bis zu 4000 Pilger und Touristen aus dem nahen Jerusalem. Seine Ansagen hat er deswegen sogar auf Koreanisch oder Ungarisch drauf: „Auf dem Rücken bleiben!“ „Nicht spritzen!“ „Da hinten sind Löcher!“

Und im Notfall rückt er mit seinem Paddelbrett aus. Im Toten Meer geht man nicht unter, kann jedoch im kniehohen Wasser ertrinken. Manche geraten in Panik, wenn sie der Auftrieb in Bauchlage dreht und plötzlich die Füße aus dem Wasser ragen. Sie suchen mit den Händen Halt im Schlick und schlucken eine Lake, die zehnmal so salzig ist wie das Mittelmeer. Sechs Todesfälle gab es in den 13 Jahren, in denen Haddad hier arbeitet, 428 Meter unter dem Meeresspiegel, der tiefste Ort der Welt an Land, in einem von Bojen begrenzten Tümpel.

Im Sommer hat das Wasser 40 Grad. Der Sand ist zu heiß, um Burgen zu bauen. Die Salzkruste lässt sich gerade bis zu den Duschen ertragen. Eben erst wurden diese wieder weiter hinunter zum Ufer verlegt. „Den Strand jagen“ nennen sie das. Bis zu sieben Meter ist das Wasser in den vergangenen Jahren gewichen.

Ans Tote Meer fährt man nicht zum Schwimmen. Die einen kommen, um Hautkrankheiten zu kurieren oder schwerelos für einen Moment die Welt zu vergessen. Die anderen, weil sie von der Welt vergessen wurden. Das Meer mag ein See sein, ohne Wellen und Horizont. Aber für die Palästinenser ist der Strand das nächste, was an ihre verlorene Heimat herankommt. Die Mittelmeerküste liegt unerreichbar für sie hinter dem Sperrwall.

Kalia liegt am Nordufer des Toten Meers und somit im Westjordanland. Nach internationalem Recht gehört der Strand den Palästinensern. Allerdings liegt er in der sogenannten Zone C, die seit dem gescheiterten Frieden von Oslo unter israelischer Militärverwaltung steht. Palästinenser dürfen hier nicht einmal auf Privatland bauen. Der Strand wird vom Kibbuz Kalia betrieben, einer illegalen jüdischen Siedlung.

Surfshorts, Ray-Ban im Haar, konzentrierter Blick – Haddad sieht aus wie die Lifeguards am Strand von Tel Aviv. Doch er ist Palästinenser aus Jericho. Viele Einwohner dort arbeiten in jüdischen Siedlungen auf den Baustellen oder in den Dattelplantagen. Ein Job hier in Kalia aber, zwischen Hängematte und Paddelbrett, ist ein Glücksgriff. Morgens um acht bringt sie ein Bus aus Jericho, die Barmänner, Köche, Putzleute und den Bademeister.

„Die Situation macht sie aggressiv. Man spürt ihre Wut“

Am Vormittag sind nur Israelis am Strand. Haddad beugt sich über die Balustrade und winkt einem Stammgast im Rollstuhl zu. Dessen Frau spritzt ihn am Ufer mit Wasser und Schlamm ab. Der Bademeister ruft ihr ein paar nette Worte zu. Hebräisch hat er hier am Strand gelernt. Israelis kannte er zuvor nur in Uniform, als Soldaten an den Checkpoints.

„Du musst hier wie ein Babysitter denken“, sagt Haddad. Kinder, die sich im Sand die Füße verbrennen; alte Leute, die im Schlamm stecken bleiben; Paare, die auf die Idee kommen, im beißenden Wasser Liebe zu machen. Da passe es irgendwie, dass er eigentlich einen Abschluss in Sozialarbeit habe.

Von seinem Ausguck erspäht er nicht nur die Gebrechlichen und die Übermütigen. An der Körperhaltung liest er auch die politische Gesinnung ab. Am liebsten sind Haddad die Israelis aus dem Norden und aus Tel Aviv. „Die sind liberaler und nicht so angespannt.“ Die Juden aus der nahen Gegend, aus Jerusalem und den Siedlungen, die erkenne er oft schon von Weitem. „Die Situation macht sie aggressiv. Man spürt ihre Wut.“ Manchmal entlade sie sich beim Anblick palästinensischer Gäste oder wenn Haddad eine Ansage auf Arabisch mache.

Und dann sind da noch die jungen ultraorthodoxen Männer, die im August Ferien von der Thora haben. Donnerstagabends wird das Bad für sie gesperrt. Frauen sind dann verboten.

„Sonst gehen wir Männer doch an den Strand, um Frauen zu sehen“, sagt Haddad und grinst vorsichtig. Es ist ein heikles Thema in Kalia. Junge Palästinenser, die ohne Familie kommen, werden am Eintritt abgewiesen. „Manche haben eben noch nie einen Strand gesehen. Oder einen Bikini“, sagt Haddad. Dann gucke man natürlich. Er sei früher selbst vom Nebenufer nach Kalia geschwommen. Zu den Touristinnen aus dem Ausland.

Vor der Pandemie nannten sie Kalia „Die Vereinten Nationen“. Weil die Menschen hier aus allen Ländern kommen. Für das Personal aus Jericho ist der Strand mehr als ein Fenster in die Welt. Ibrahim von der Bar hat jetzt eine deutsche Freundin, die er bald besuchen will. Murad, der zweite Bademeister, ist nun mit einer Jüdin verheiratet. Als sie ihn das erste Mal zu sich einlud, musste er ihr erst erklären, dass er eine Sondergenehmigung brauche, um nach Jerusalem zu fahren. „Viele Israelis haben keine Ahnung, wie wir hier leben“, sagt Haddad. Er beschränkt sich darauf, Nummern mit den Touristen aus-

zutauschen und surreale Fotos vom Salzsee nach Italien oder Australien zu verschicken, in die er Haie und Surfer montiert. Zu Hause wartet seine Frau auf ihn, eine gläubige Muslimin, die 14 Katzen und sein Adler. Seine zwei Welten vermischen sich selten. „Meiner Frau ist es zu heiß am Strand", sagt Haddad. Manchmal bitte er den jüdischen Manager nach Betriebsschluss um den Schlüssel. „Für ein bisschen Romantik."

Itai Maor heißt der Strandmanager. Er ist im Kibbuz Kalia geboren und ärgert sich, wenn man ihn einen Siedler nennt, also einen, der den Palästinensern das Land wegnimmt. „Meine Eltern haben das Land erst bewohnbar gemacht." Überhaupt setze er sich hier mehr für die Verständigung ein als alle Politiker. Als Teenager hat er in der Bar hier gejobbt, jetzt sitzt er dort am Tresen und empfiehlt die Falafel, die er jeden Tag aus Jericho anliefern lässt. „Besser als das Zeug, was man in Tel Aviv bekommt." Auch seine Mitarbeiter aus Jericho seien handverlesen. Der Service, das sei der Charme von Kalia. Sein neuester Coup ist der Shuttlebus, den an den Umkleiden per Knopfdruck anfordern kann, wem der Weg zum Strand zu beschwerlich ist.

Vor 50 Jahren reichte der Wasserpegel noch bis zu den alten Baracken oben an der Straße, die dem iraelischen Militär damals als Basis dienten. Wenn Linda Stein dort Wache schob, starrte sie stundenlang auf diesen reglosen Salzsee. Es gab nicht viel zu sehen. Nur das große Riesenrad drüben am jordanischen Ufer. „Wenn Frieden ist, möchte ich gern dorthin einmal einen Ausflug machen", sagte Stein zu ihren Kameraden und träumte vom Vergnügungspark. ➢

Oben **Kalia Beach am Toten Meer.**
Mitte **Linda Stein im Kibbuz Kalia.**
Unten **Farbig gestaltete Armeebaracken, im Hintergrund der alte Wasserpark**

Heute betrachtet sie den Sonnenuntergang über den jordanischen Bergen lieber aus dem Jacuzzi in ihrem Garten im Kibbuz Kalia, fünf Kilometer die Straße hinauf. Das Salzwasser mochte die 66-Jährige nie besonders. Zart und rotlockig, wirkt sie im Blümchenkleid in der Wüste so exotisch wie das saftig grüne Gras vor ihrer Haustür.

Der Krieg überraschte Stein wie alle Israelis. Gerade erst war sie mit den Eltern aus den USA, aus Philadelphia eingewandert. Zum Wehrdienst meldete sie sich heimlich, weil sie Anschluss suchte. „Da kriege ich dich nicht rausgeboxt", schimpfte der Vater. Einen Monat später, an Jom Kippur 1973 – dem Versöhnungstag, an dem die Radios und Fernseher stumm bleiben –, schrillten die Sirenen. „Mein erster Gedanke war, ob man im Krieg die Ausgehuniform trägt. Mit dem Minirock?" Statt an die Front schickte die Armee sie ans Tote Meer. Um mit einer Pioniereinheit die Wüste – mit viel Wasser – zum Blühen zu bringen.

Schon vor Staatsgründung gab es dort am Strand eine hebräische Siedlung, benannt nach dem Element Kalium. Hier wohnten die Arbeiter der Pottaschefabrik, die 1929 unter den Briten gebaut wurde. Dass die Juden Seite an Seite mit Arabern arbeiteten, war ungewöhnlich. Und noch mehr, dass 1932 ein Kurbad in Kalia eröffnet wurde: als britisch-jüdisch-arabische Kooperation. Im Hotel nächtigte nicht nur David Ben-Gurion, sondern auch der König von Jordanien.

Das alte Kalia wurde 1948 von den Jordaniern zerstört. Zwei Kriege später bastelten die Pioniere aus Steins Einheit ein Akronym aus dem Namen der Arbeitersiedlung: Kam Litchia Iam HaMavet, „Das Tote Meer ist zum Leben erwacht".

Das war 1974. Mit Stein blieben 50 Soldaten, um den Militärposten in einen Kibbuz zu verwandeln. Sie versetzten die Siedlung in den Schatten der Qumranberge, in dessen Höhlen man die ältesten Bibelhandschriften fand, verfasst von den alten Hebräern. Stein erinnert sich, wie sie auf Knien die Grashalme einzeln in den Salzboden pflanzten. „Wir glaubten nicht, dass hier etwas wächst."

Sie erzählt, wie die Pioniere lernten, den Boden urbar zu machen. Was sie nicht erzählt: Bis heute beruht die intensive Landwirtschaft der Siedler im Jordantal auf dem Grundwasser, das sie aus dem Boden pumpen – während palästinensische Bauern ihre Felder aufgeben, weil ihre Quellen versiegen.

20 Jahre später standen die Häuschen im Schatten von Feigen und Palmen und Akazien – der Speisesaal, die Wäscherei und der Kindergarten. Die Frauen arbeiteten wie die Männer und hatten am Feierabend frei wie die Männer. Linda Stein versorgte die Kibbuzkälbchen und wunderte sich nicht mehr, dass sie in der Wüste von Vogelgezwitscher geweckt wurde. Und: Es war Frieden. Zumindest mit Jordanien. Der ganze Kibbuz machte einen Ausflug ans andere Ufer. „Das Riesenrad war ziemlich rostig", sagt Stein. Ihr Mann baute damals den Tourismus aus: Die Qumranhöhlen bekamen einen Besucherpark, und neben den alten Armeebaracken eröffnete der Kibbuz ein Erlebnisbad mit Zugang zum Strand.

Die Beziehung zu Jericho sei immer gut gewesen, sagt Stein. Die Siedler wurden zu Hochzeiten eingeladen und aßen in arabischen Restaurants. „Die Palästinenser

„Die Araber haben eben eine andere Kultur"

dort sind einfach entspannter. Vielleicht, weil es immer eine Touristenstadt war."

Jericho war auch die erste Stadt, die Israel 1994 im Friedensprozess von Oslo an die Palästinensische Autonomiebehörde übergab. „Wir waren uns einig in Kalia", sagt Stein. „Hätten wir den Kibbuz für den Frieden aufgeben müssen, wir hätten am nächsten Tag unsere Sachen gepackt."

Der Kibbuz habe damals sogar die Clanältesten aus Jericho zum jüdischen Sukkothfest eingeladen. Und alle saßen einträchtig unter einer großen Laubhütte auf dem Rasen. So erinnert sich Linda Stein an die Zeit der großen Hoffnung. Als Jitzchak Rabin zu einem Besuch hereinschneite, war sie fassungslos, dass er keine Bodyguards bei sich hatte. „Ich habe ihn gewarnt: ‚Der Frieden liegt auf deinen Schultern. Pass auf dich auf.'" Im darauffolgenden Jahr wurde Rabin von einem jüdischen Extremisten ermordet.

Im Wasserpark kondensierte der Konflikt, bevor sich die Palästinenser zur Zweiten Intifada erhoben. „Es ist schwierig, darüber zu reden", sagt Stein zögerlich. „Die Araber haben eben eine andere Kultur." Während sich die Israelis über die muslimischen Frauen mokierten, die in vollem Gewand im Pool saßen, fühlten sich israelische Frauen im Bikini von deren Männern belästigt. Schließlich ging der Park bankrott.

Der alte Wasserpark von Kalia steht immer noch eingezäunt neben den Armeebaracken. Bestäubt mit Wüstensand, ragen die Rutschen über leere Becken und weit über den Spiegel des Toten Meers, wie ein postapokalyptisches Gerippe. Der Nahostkonflikt ist auch ein Konflikt um Wasser. Und nirgendwo zeigt sich der Kampf um Süßwasser so eindrücklich wie am Salzsee, dem am Jordan von allen Seiten der Zufluss abgepumpt wird.

Ein Symbol der Koexistenz sollte es sein, als Linda Stein vor vier Jahren mit dem Strandmanager Künstler aus der Region einlud, um den Armeebaracken Farbe zu verpassen. Nur Palästinenser konnten sie nicht gewinnen. Stattdessen sprühte ein mexikanischer Street-Art-Künstler zwei Porträts auf eine Barackenfront: die Tochter des jüdischen Strandmanagers neben einen seiner palästinensischen Arbeiter.

Am Nachmittag trudeln die Palästinenser am Parkplatz ein. Die Männer in langen Hosen, die Frauen in Sommermänteln und Hidschab. Die Feiertagsgarderobe ist verknautscht. Gerade noch kurvten sie über Umgehungsstraßen um stacheldrahtbewehrte jüdische Siedlungen, ließen sich an Checkpoints von Soldaten mit Maschinengewehren durchsuchen – jetzt reihen sie sich zwischen Juden mit Badeschlappen und Strandtaschen in die Schlange am Eintritt.

Für einen Moment vermischen sich arabische und hebräische Wortfetzen. 60 Schekel, etwa 16 Euro, kostet der Eintritt. Auch für israelische Verhältnisse happig, aber eine palästinensische Großfamilie lässt insgesamt knapp einen Wochenlohn an der Kasse. Dann eilen die Juden hinunter zum Strand und zu den Liegen in die Sonne. Die Palästinenser dagegen schleppen Kühlboxen und Wasserpfeifen unter das Dach auf der Terrasse über dem Strand. Picknicktische auf Kunstrasen – gemütlich ist es nicht, aber schattig.

Die Familie Abd al Raman ist aus dem Dorf Hablah im Nordosten angereist. Es liegt nur zwölf Kilometer vom Mittelmeer entfernt. „Man spürt die Brise", sagt der Großvater. Sehen kann man es nicht mehr. Das Dorf ist auf drei Seiten vom israelischen Sperrwall ummauert.

Das Meer sehen, und wenn es nur das Tote Meer ist. Den meisten scheint das erst einmal zu reichen. Von der Terrasse aus machen die Palästinenser Fotos. Mit ein paar Palmwedeln im Bild und ohne die schlammbepackten Israelis sieht es fast nach Karibik aus, auf jeden Fall weit weg. Aus der Bar quietscht ein Popsong, „Oh, I'm just a girl".

Niemand blickt auf, als fünf junge Soldatinnen vorbeimarschieren. Mit langen Pferdeschwänzen, die über geschulterten Gewehrläufen baumeln. Einmal hinunter zum Wasser und schnell wieder hinauf. „Präsenz zeigen", seufzt eine der Frauen. Ein lästiger Pflichttermin bei dieser großen Hitze.

Die Sonne steht jetzt über dem Bergrücken, der Badebereich füllt sich. Eine Palästinenserin hat sich in vollständiger Bekleidung direkt in den Ufermatsch gesetzt und schaufelt den Heilschlamm in Wasserflaschen für zu Hause. Hanan ist mit der Familie aus Bethlehem gekommen. Eigentlich, sagt sie, möge sie das Tote Meer nicht besonders. „Es ist zu heiß, und die Kinder können nicht planschen." Eigentlich hatten sie nach Tel Aviv gewollt. An den echten Strand. Am vergangenen Wochenende hatte Israel die Grenzen geöffnet. Ein seltenes Ereignis. Die Zeitung „Ha'aretz" schrieb: „Das Militär drückt ein Auge zu, und Palästinenser schwelgen am Strand von Jaffa." Da hatte Hanan gehofft, es werde noch einmal ein Auge zugedrückt, zumal ihr Mann in Israel auf dem Bau arbeitet. Doch am Checkpoint wies man sie ab.

Hanans 16-jährige Nichte trieb bisher mit geschlossenen Augen auf dem Rücken, jetzt öffnet sie sie. „Ich habe geweint vor Wut." Während ihre Tante weiter durch die Schlammmaske lächelt, sagt sie leise: „Sie nehmen uns wirklich alles." ➢

Oben **Palästinenserinnen aus Hebron.**
Mitte **Israeli Itai, Sohn Gadi und Freundin Gaia.**
Unten **Spaß im Schlamm**

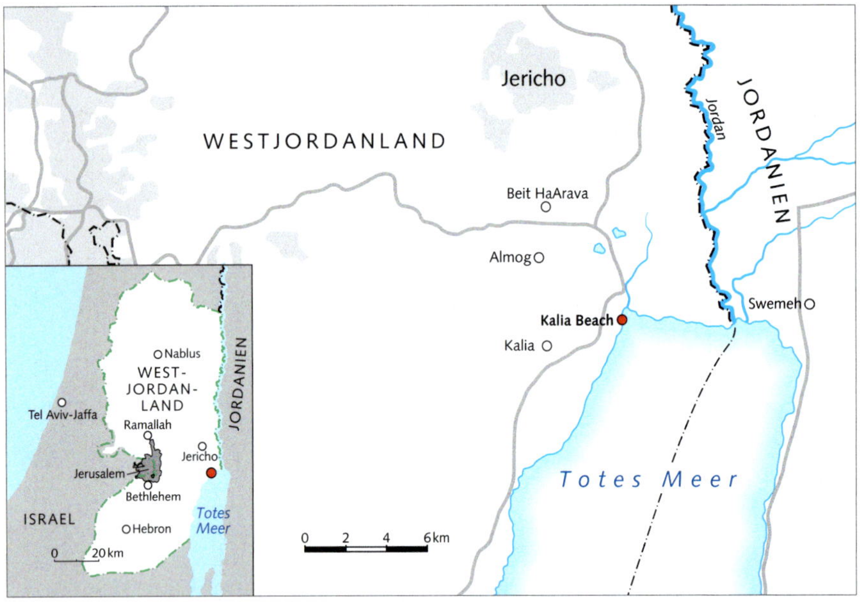

Oben **Bademeister Mohammad Haddad.** *Mitte* **Ein Meer im Spannungsfeld.** *Unten* **Hinweisschild am Ausgang von Kalia Beach**

Nur einen Beinschlag entfernt steht ein Israeli, er reibt sich genüsslich mit Matsch ein und merkt nicht, dass er im Bild steht. Hinter ihm waten fünf Palästinenserinnen aneinandergeklammert durch den Schlick, um für ein Foto zu posieren. Während sie ihre Kopftücher richten, gerät eine aus der Balance, und die ganze Riege droht zu kippen.

Vielleicht liegt es an den Matschsprenkeln auf der Brille. Vielleicht sind es Scheuklappen, die der Israeli Itai für diesen Ausflug auf die andere Seite angelegt hat. Es sei ihm gar nicht aufgefallen, dass er sich das Wasser mit Palästinensern teile. „Je mehr, desto besser", fügt er schnell hinzu. Itai freut sich immer noch über den spontanen Einfall. Nur eine Stunde mit dem Auto aus Tel Aviv, wo ihm die Strände am Schabbat zu voll sind. Auch er wollte den Kindern heute etwas Besonderes bieten. „Nun ja", sagt sein Sohn Gadi, „das Tote Meer ist nur was für Leute, die gern brennende Augen haben."

Beduselt wirken die Badenden, als sie die Treppen hinaufsteigen. Und das sei nicht nur die Hitze, sagen die Einheimischen. Die Mineralien aus dem Toten Meer helfen nicht nur gegen Psoriasis. Wenn sich das Bromid aus dem Wasser mit dem Sauerstoff an der Oberfläche verbinde, steige es ins Gemüt wie ein Beruhigungsmittel. „Es macht uns friedlich", glaubt Linda Stein.

„Es macht süchtig", sagt Mohammad Haddad. Bei Vollmond paddelt der Bademeister mit seinem Brett hinaus auf den See, klemmt sich ein aufblasbares Kopfkissen in den Nacken, und schwebt körperlos vor der israelischen Radarstation. Manchmal nickt er dabei ein.

Autorin Agnes Fazekas, Jahrgang 1981, lebt in Tel Aviv nur fünf Minuten vom Strand und wurde dafür von den Palästinensern am Kalia Beach ordentlich beneidet. Die meisten kennen das Mittelmeer nur noch aus den Erzählungen ihrer Großeltern.
Fotografin Tanya Habjouqa wurde 1975 in Jordanien geboren und wuchs zwischen Texas und dem Nahen Osten auf. Sie lebt in Ostjerusalem und ist Mitglied der Fotoagentur Noor. Für die mare-Reportage fuhr sie viermal an den Kalia Beach.

Das Meer, die Angst, das Heilige

Seit je hart und gefährlich war die Arbeit der Fischer an Irlands Westküste. Dies führte zur Schöpfung einer reichen spirituellen Kultur, die ihnen half, angesichts der Gefahren den Mut nicht zu verlieren

Von Matthias Egeler

Über dem kleinen Hafen von Cill Éinne ragt ein massiger, aus grauen Steinen gemauerter Kegel in den Himmel. Aus der Entfernung scheint eine Seemöwe auf diesem Monument ihr Nest gebaut zu haben, aber aus der Nähe stellt der Vogel sich als eine Skulptur heraus: eine Möwe auf einem Bündel Taue. Der Kegel ist mit Plaketten bedeckt, manche davon in englischer, die meisten in gälischer Sprache und Schrift. Jede dieser Plaketten erinnert an ein Schiffsunglück, bei dem Menschenleben verloren gegangen sind; die Gemeinde Cill Éinne ist winzig, aber die Litanei der Opfer der See umfasst Dutzende von Namen. Die Fischerei war und ist noch heute ein gefährlicher Broterwerb. In den letzten Jahrzehnten ist die Zahl der Todesfälle zwar stark zurückgegangen, doch selbst noch in jüngsten Jahren sind Menschen auf See geblieben.

Wie geht man damit um, täglich solchen Risiken ausgesetzt zu sein? Und wie tat man das vor allem, ehe die Mechanisierung der Fischerei und das Aufkommen moderner Motorboote begannen, die Arbeit der Fischer und Seeleute sicherer zu machen?

Der Hafen von Cill Éinne war über Jahrhunderte der Haupthafen der Insel Inis Mór, der größten der Aran-Inseln in der Bucht von Galway im Westen Irlands. Die Region ist bekannt für ihre *currachs*, leichte, offene Ruderboote, die traditionell aus einem Holzgerippe, überspannt mit geteerter Leinwand, hergestellt werden. Die Verwendung solcher Boote auf dem Atlantik, wo sie lange in der Küstenfischerei zum Einsatz kamen, verlangte immer Augenmaß, und dieses Augenmaß war bestimmt von der Erfahrung der vielen auf See gelassenen Leben, die das Denkmal am Hafen in Stein präsent macht.

Anfangs des letzten Jahrhunderts formulierte ein alter Inselbewohner es gegenüber dem irischen Schriftsteller J. M. Synge mit den Worten: „Ein Mann, der vor der See keine Angst hat, wird bald ertrinken, denn er wird an einem Tag ausfahren, an dem er das nicht sollte. Aber wir haben Angst vor der See, und wir ertrinken nur ab und an.“

Angst also ist eine Art, die See zu überleben. Aber wie lebt man mit solcher dauernder Angst?

Bereits im Mittelalter brachte Irland eine der reichsten Literaturen Europas hervor. In zahllosen Manuskripten (das *Book of Kells* ist das berühmteste Beispiel) wurden Sagen von Helden und Königen, Geschichtswerke, Legenden über berühmte Orte, gelehrte Spekulationen und Lebensbeschreibungen heiliger Männer und Frauen aufgezeichnet. Einer dieser Texte gilt dem Leben des heiligen Enda, dem Abt von Aran. Diese Heiligenvita aus dem 13. oder 14. Jahrhundert gibt vor, die Taten des Gründungsheiligen und Schutzpatrons der Aran-Inseln zu beschreiben. Der heilige Enda soll das Christentum auf die Inseln gebracht, dort Klöster gegründet und die politische Ordnung der Inselgemeinschaft etabliert haben. Damit will der Text eine Lobpreisung des Heiligen und der Macht seiner Kirche leisten.

Zugleich ist in die Erzählung jedoch auch eine Vielzahl lokaler Legenden, die vom Meer handeln, eingeflossen. Liest man diese Legenden, scheinen Strategien durch, wie die alten Fischer der Arans ihre Angst vor dem Meer erträglicher machten. Geschichten über die Wunder der Heiligen wurden dabei auf eine spezifische Weise verwendet, um den Fischern von Aran zu helfen, mit den Gefahren ihrer täglichen Arbeit umzugehen.

Die Heiligenvita erzählt, dass Enda selbst nicht von den Aran-Inseln stammte, sondern vom irischen Festland. Die Arans wurden ihm vom König von Munster in Cashel als sein spirituelles Lehen überlassen – und damit sah Enda sich der Frage gegenüber, wie er überhaupt zu den Inseln gelangen sollte, denn er hatte kein Boot. Für einen Heiligen der irischen Legende stellt dies jedoch kein Hindernis dar. Enda wies einfach seine Mönche an, einen großen Felsen hinunter an den Strand zu tragen, und ganz so, wie Jesus trockenen Fußes über das Wasser wandelte, ließ Endas wunderwirkende Kraft den Stein über das Meer nach Aran schwimmen. So diente der Stein als ein Boot, der Enda und seine Mönche auf die Insel übersetzte.

Wo sie an Land kamen, gründete Enda das heutige Cill Éinne (Killeany); der gälische Name bedeutet nichts anderes als „Endas Mönchszelle“. Der Stein, der Enda als Boot diente, ist unmittelbar außerhalb der Hafenzufahrt noch heute zu sehen. Dort liegt eine Felsplatte, die die Silhouette eines *currach* hat. Als ein natürliches Denkmal macht dieser steinerne *currach* die Wunderkraft des Heiligen greifbar und verkündet eine tröstende Botschaft: Diesen gesegneten Hafen erreicht sogar ein Stein.

Nach seiner Ankunft auf Aran gründete Enda das Kloster von Cill Éinne. Es wurde im 17. Jahrhundert durch Oliver Cromwells protestantische Truppen geschleift, und seine Steine wurden zum Bau einer Burg verwendet. Heute sieht man noch die Reste eines Hochkreuzes aufragen, und am Hang über dem Kloster und seinem Hafen findet sich noch der Stumpf eines der ikonischen Rundtürme, die einst die irische Landschaft prägten. Dieser Turm ragte bleistiftdünn in den Himmel und machte die Kirchen und Kapellen an seinem Fuß weithin sichtbar. Vor allem aber überragte er den Hafen. Wie so oft entlang der nordwesteuropäischen Atlantikküste ist der Kirchturm als das höchste Gebäude so platziert, dass er dem Seefahrer ebenso nützt wie dem Kirchgänger.

Die Religion wird zu einer Quelle von Trost und Mut, aber es sind weniger die Ideen einer Gnade Gottes im Abstrakten, die diesen Mut spenden, sondern vielmehr konkrete, kleinräumige Einschreibungen des Heiligen in die Umgebung des alltäglichen Lebens. Nicht das ferne Rom spendet diese Kraft, sondern die Wunder des Heiligen vor Ort.

Der kleine Fischerhafen wird damit vom Heiligen symbolisch umarmt. Über dem Hafen ragte der Rundturm des Klosters auf, und vor dem Eingang zum Hafen liegt das steinerne Schiff, mit dem der Heilige auf die Insel kam. Damit ist es aber nicht genug. Der Hafen von Cill Éinne ist nur durch einen schmalen Kanal zu erreichen – ein Felsriegel trennt die Bucht fast vollständig vom offenen Meer ab. Der Legende nach gab es einst keinen Weg durch diese Barriere. Aber Enda brauchte einen guten Hafen. Da markierte er mit seinem Abtsstab die Mitte der Felsbarriere, und in der folgenden Nacht kam ein Engel mit einem flammenden Schwert und schnitt einen Kanal durch den Stein. Die Heiligenvita betont, dass dieser von dem Engel geschaffene Kanal bis heute jedem Schiff, das nach Cill Éinne kommt, einen sicheren Zugang zum Hafen bietet – und das ist wahr.

Von jedem Schiff aus, das in den Hafen einläuft, sieht man auf dem Kamm oberhalb von Cill Éinne noch heute eine Ruine markant in den Himmel ragen. Es sind die Reste der Kirche Teampall Bheanáin, einer Kapelle aus der Blütezeit von Endas Kloster im Frühmittelalter. Es gibt Berichte, dass diese weithin sichtbare Kirche bis zum Aufkommen der Satellitennavigation lokalen Seeleuten als Landmarke zur Orientierung auf See diente. Vor allem aber scheint Teampall Bheanáin mit dem Hafen von Cill Éinne verbunden gewesen zu sein.

Obwohl mittelalterliche Kirchen ihren Eingang fast ausnahmslos an ihrer Westseite haben, hat diese Kirche ihre Tür in untypischer Weise im Norden – und das bedeutet, dass die Kirchentür sich genau zum Hafen von Cill Éinne hin öffnet. Damit bietet sie einen Blick über das Hafenbecken, dessen Zufahrtskanal Enda von einem Engel erschaffen ließ, und über das steinerne Boot am Eingang zu diesem Kanal. Wenn ein Schiff in den Hafen einläuft, blickt seine Mannschaft damit nicht nur zur Kirche hinauf – die Kirche scheint den Blick der Seeleute zu erwidern.

Ganz so, wie Endas steinernes Boot von der Sicherheit eines Hafens zu sprechen scheint, wo sogar ein Stein sicher anlanden kann, wendet auch hier die Macht des Heiligen sich dem Seemann buchstäblich zu, als wolle sie ihn ansprechen und ihm Segen und Sicherheit verheißen.

Der alte Mann, mit dem J. M. Synge über das Meer und die Angst sprach, erzählte vom Wert der Angst zu dem Zweck, das Meer zu überleben. Die Legenden, Felsen und Sakralgebäude der Insel scheinen diesem Gespräch eine Koda darüber hinzuzufügen, wie man ein Leben bewältigt, das von dauernder Angst vor dem Meer geprägt ist und geprägt sein muss. Ein *currach*, der vom Fischfang zurückkam und in den Hafen von Cill Éinne einfuhr, hielt auf den Rundturm des Klosters zu, passierte das steinerne Boot des Heiligen, fuhr durch einen Kanal, den ein Engel mit einem flammenden Schwert geschaffen hatte (so wie der Bibel nach ein Cherub die Pforte zum Paradies bewacht), und befand sich während dieser ganzen Fahrt unter dem Blick der Kirche Teampall Bheanáin auf dem Kamm oberhalb des Klosters und des Hafens.

Sakralarchitektur, Landschaft und Sagen und Legenden bilden hier ein Ensemble, das die Seeleute der Insel mit einer Umarmung von Heil umfasst, die auf das Überleben auf See konzentriert ist. Denn eine von einem Engel geschaffene Hafenzufahrt und ein Wunder wie Endas Steinschiff haben vor allem die Botschaft, dass die Macht der Heiligen dazu dient, die Rückkehr in den heimatlichen Hafen sicherzustellen. Die Religion wird zu einer Quelle von Trost und Mut, aber es sind weniger die Ideen einer Gnade Gottes im Abstrakten, die diesen Mut spenden, sondern vielmehr konkrete, kleinräumige Einschreibungen des Heiligen in die Umgebung des alltäglichen Lebens. Nicht das ferne Rom spendet diese Kraft, sondern die Wunder des Heiligen vor Ort. Die besondere Art, wie das Heilige den Hafen von Cill Éinne umarmt, ist dabei kein Einzelfall. Ein weiteres Beispiel für ein solches Ensemble von Landschaft, Gebäuden und lokalen Geschichten findet sich schon wenige Kilometer weiter in der Bucht von Port Daibhche.

Um das Meer zu überleben, nutzte die traditionelle Fischerkultur die Angst. Und um mit der Angst umgehen zu können, nutzte sie ein enges Geflecht von Symbolen und Legenden, in dem der Kirchturm nicht nur pragmatisch die Funktion eines Leuchtturms übernahm, sondern als Teil eines Netzwerks fungierte, das sicherstellte, dass die Angst vor dem Meer zwar dem Überleben half, ohne aber das Leben zu lähmen.

Matthias Egeler lehrt als Privatdozent am Institut für Nordische Philologie an der Ludwig-Maximilians-Universität München. Er hat mehrere Bücher zur Kultur- und Religionsgeschichte des europäischen Atlantikraums verfasst, darunter jüngst mit Susanne Ruhland eine Übersetzung und Studie zur mittelalterlichen Vita des heiligen Enda von Aran. Zuletzt schrieb er in mare No. 145 über die mythischen Peillinien isländischer Küstenfischer.

GLAUBE LIEBE HOFFNUNG

DR. WILFRED GRENFELL

Von Stefan Nink

Ende des 19. Jahrhunderts leben im nördlichen Neufundland und benachbarten Labrador 30 000 Menschen – und kein einziger Arzt. Inspiriert von einem Erweckungsprediger, macht sich der englische Arzt Wilfred Grenfell auf, den Armen und Übersehenen zu helfen: den Fischern, Inuit und Innu

Oben Grenfell mit Hunden auf der Eisscholle, Kupferstich, 1911 in „Le Petit Journal“. *Rechte Seite* Porträt des Arztes, aufgenommen in einem Fotostudio in Boston

Purdy BOSTON.

ALS DANN AUCH NOCH DER Wind drehte und plötzlich vom Land her blies, als die Eisscholle mit ihm und seinen Schlittenhunden aus der Bucht Richtung offenes Meer geschoben wurde und er in der Ferne schon die Brecher des Atlantiks sehen konnte – da packte den Mann im Fußballtrikot der Oxford University für einen Moment die Verzweiflung. „Die Chancen, dass mich dort draußen jemand bemerkte, standen vielleicht eins zu tausend", schrieb er später in seinem Text „A Voyage on a Pan of Ice" über jenen Ostersonntag 1908, „und wenn mich tatsächlich jemand entdecken würde, hätte ich höchstwahrscheinlich wie ein Stück Treibgut ausgesehen."

Dort, wo die Bucht sich weitete, war das Eis auf immer größeren Flächen aufgebrochen. Als die Sonne unterging, war die Scholle bereits Kilometer vom Ende der Hare Bay entfernt. Seine Gelassenheit, für die er bekannt war, hatte der Mann auf dem Treibeis zu diesem Zeitpunkt jedoch wiedergefunden. „Es schien mir beinahe natürlich, diese Welt auf einem Stück Eis zu verlassen", schrieb er später. „Ich hatte nichts zu bedauern. Außer vielleicht der Tatsache, dass ich diese Geschichte gern meinen Freunden erzählt hätte."

Wie kam jemand mit acht Hunden auf eine kleine Eisscholle, die in den Atlantik hinaustrieb? Stunden zuvor war Dr. Wilfred Grenfell mit seinem Schlitten an Neufundlands Ostküste aufgebrochen, um einem jungen Patienten zu Hilfe zu eilen. Beim Überqueren der zugefrorenen Hare Bay durchbrach das Gespann das brüchige, schmelzende Eis. Der Schlitten versank, Grenfell und seine acht Hunde konnten sich in letzter Sekunde auf eine Scholle retten – eine „esstischgroße Platte", die nun allmählich Richtung offene See trieb. Grenfell hatte seine durchnässte Winterkleidung ausgezogen und trug nur noch sein altes Fußballtrikot, die kurze Sporthose und die rot-gelb-schwarzen Stutzen aus seiner Studienzeit, die er Tage zuvor in einer alten Kiste gefunden hatte. Um nicht zu erfrieren, erstach er drei seiner Hunde, wickelte sich in ihr Fell, rollte sich mit den übrigen zusammen – und überlebte schlafend (!) die Nacht. Am nächsten Morgen fand man ihn auf seiner Scholle. Fünf Fischer riskierten ihr Leben, um den Mann zu retten, der in ihrem Land so viele Leben gerettet hatte. Ein Held war „der Doktor" in den winzigen, weit verstreuten Siedlungen Neufundlands und Labradors damals längst. Seine Nacht auf der Eisscholle aber machte ihn zur Legende.

1892 war der englische Arzt und Missionar Dr. Wilfred Thomason Grenfell zum ersten Mal an Bord eines Hospitalschiffs an die Küste Neufundlands und Labradors gereist, 27 Jahre alt war er da. Grenfell hatte in seiner Heimat Medizin studiert und sich von den Schriften des Erweckungspredigers Dwight Lyman Moody begeistern lassen, der den Dienst an den Übersehenen und Vergessenen der Gesellschaft predigte. Moodys Kernbotschaft sollte zum Leitmotiv in Grenfells Leben werden. Im Auftrag der Royal National Mission to Deep Sea Fishermen war er als Bordarzt auf Schiffen in der Nordsee unterwegs. Nun sollte er eine medizinische Station an Kanadas nordöstlicher Küste gründen.

Im Norden Neufundlands sowie im benachbarten Labrador lebten Ende des 19. Jahrhunderts etwa 30 000 Menschen – und kein einziger Arzt. Die Lebensumstände der Inuit und Innu erschütterten Grenfell. Die meisten hausten in erbärmlichen Lehmhütten und trugen Kleidung, die aus Mehlsäcken hergestellt war. Die Boote der Fischer waren kaum seetüchtig. Wer in schlechtes Wetter geriet, kehrte nicht zurück. Ganze Familien litten unter Tuberkulose – und arbeiteten dennoch weiter, weil sie sonst verhungert wären. „Alles, was diese Leute besaßen, war ihre Ausrüstung zum Fischen", erinnerte sich Grenfell später in seiner Autobiografie „A Labrador Doctor". „Krankheiten behandelten sie mit Zaubersprüchen und magischer Medizin. Säuglingen wurde Zucker in die Augen geblasen, um sie vor eitrigen Bindehautentzündungen zu bewahren, gegen Rheuma setzten sie Schellfischflossen ein. Ein Kratzer durch einen Angelhaken bedeutete so gut wie immer eine Infektion und oft den Verlust eines Arms oder Beins."

Der junge Arzt mit dem festen Glauben stürzte sich in die Arbeit: Hier, in den unwirtlichen Regionen Kanadas, bei den vergessenen Menschen Labradors und Neufundlands, hatte Grenfell seine Bestimmung gefunden. Mehrere Sommer lang fuhr er mit einem Stab aus freiwilligen Helfern auf einem Sanitätsschiff die Küste entlang, ankerte in den Buchten und ließ Kranke an Bord. Allein im ersten Jahr wurden auf der „Albert" bei 87 Stopps fast 1000 Patienten versorgt (ab dem zweiten Sommer war mit der „Princess May" ein weiteres Lazarettschiff im Einsatz, dessen medizinisches Team eine ähnliche Zahl empfing). Grenfell behandelte Pocken, Skorbut, Diphtherie und Krankheiten, die durch Mangelernährung verursacht wor-

GANZE FAMILIEN LITTEN UNTER TUBERKULOSE – UND ARBEITETEN DENNOCH WEITER, WEIL SIE SONST VERHUNGERT WÄREN

Oben **Grenfell verarztet einen Finger auf der SS „Strathcona", 1917.**
Rechts **Mit seinem Hospitalschiff lief er die verstreuten kleinen Siedlungen entlang der Küste an**

BIS HEUTE BASIERT DIE MEDIZINISCHE VERSORGUNG DER REGION AUF GRENFELLS GRÜNDUNGEN

Links **Mitarbeiter des St. Anthony Hospital. Wilfred Grenfell in der Mitte der hinteren Reihe.**
Oben **Ireland's Bight. Dorthin wurde Grenfell gebracht, nachdem er von der Eisscholle gerettet worden war**

den waren. Er versorgte eingewachsene Zehennägel, entzündete Zähne und Wunden, die seit Jahren schwärten. Er amputierte. Er tröstete. Er beerdigte.

Das Geld, das die Royal National Mission ihm zur Verfügung stellte, reichte schon bald nicht mehr. Grenfell gründete die Grenfell Mission und begann, um Spenden zu werben. Auch auf diesem Gebiet erwies er sich als äußerst talentiert. Die ersten Finanzspritzen kamen aus der englischen Heimat, wo Grenfell nach seinem ersten Sommer in Neufundland und Labrador auf Werbetour in eigener Sache ging. Später reiste er durch die USA und Kanada, hielt Vorträge und arrangierte Treffen mit all jenen, die entweder genügend Vermögen besaßen, um seine Unternehmungen zu unterstützen, oder genügend Einfluss. Nach einem Vortrag in Montreal schenkte ihm der Präsident der Canadian Pacific Railway ein weiteres Hospitalschiff, die „Dahinda". Und der Tuchfabrikant Walter Haythornthwaite erfand in seiner englischen Bekleidungsmanufaktur einen besonders dicht gewebten, wärmenden Baumwollstoff namens Grenfell Cloth, nachdem er von der legendären Eisschollenepisode gehört hatte. Jacken und Mäntel der Marke Grenfell sieht man bis heute in den Szenevierteln von London und Tokio.

Ende des 19. Jahrhunderts wuchs Grenfells Stab beinahe noch schneller als seine Reputation. Jedes Jahr meldeten sich Mediziner, Krankenschwestern und fachfremde, oft prominente Freiwillige zum Dienst an Kanadas Küste – New Yorks späterer Gouverneur Nelson Rockefeller zum Beispiel oder die Kinder des Gummiherstellers B. F. Goodrich. Bereits 1893 hatte man ein erstes Krankenhaus in Battle Harbour eröffnet. Ein Jahr später folgte eine Station in Indian Harbour, 1901 eine weitere in St. Anthony, einer Siedlung an der Spitze der Great Northern Peninsula, die zum Hauptstandort der Grenfell Mission werden sollte. Die kleine Flotte wurde um die „Strathcona" erweitert, eines der ersten Schiffe, die ein Röntgengerät an Bord hatten. Wenn das Eis die Küstenschifffahrt unmöglich machte, brachen die Ärzte mit Hundeschlitten zu den Patienten auf. Im Lauf eines einzigen Winters legte Grenfell fast 3000 Kilometer durch den Schnee zurück.

Und als ob seine Arbeitstage mit all dem noch nicht ausgefüllt gewesen wären, widmete sich „der Doktor" auch anderen Projekten. Grenfell hatte früh erkannt, dass man den Kreislauf der Armut würde durchbrechen müssen, um die Lebensumstände der Fischerfamilien auch auf lange Sicht zu verbessern. Genossenschaftsläden in der Nachbarschaft der Krankenstationen ermöglichten den Menschen von nun an den Einkauf von Waren zu fairen Preisen; wer selbst Produkte anbaute, konnte sie hier verkaufen. Grenfell ließ Sägemühlen und Schweinefarmen bauen. Für neue Schulen kamen Lehrer nach Neufundland und Labrador; besonders begabte Schüler wurden mit Stipendien für Hochschulen in den USA ausgestattet, vom Stahlmagnaten Andrew Carnegie stammte eine Fahrbücherei. Außerdem förderte das Missionsteam Tischlerei und Handarbeit. Die Produkte wurden auf Nordamerikas Märkten verkauft, das Geld floss zurück in die Gemeinden. Heute sind etliche geknüpfte Teppiche aus dieser Zeit („Grenfell rugs") in den Museen Kanadas ausgestellt.

Nicht alle Ideen waren erfolgreich. Für Gemüsegärten war das Klima auf Dauer einfach nicht geeignet. Eine Fuchsfarm, die den Trappern der Region das mühsame Fallenstellen ersparen sollte, scheiterte, weil die Tiere sich in Gefangenschaft partout nicht vermehren wollten. Auch der Plan, eine Rentierpopulation im nördlichen Neufundland zu etablieren, scheiterte. Grenfell war der Meinung, dass Rentiere die besseren Schlittenhunde seien, und importierte 300 Exemplare aus Lappland. Als die ersten vor einen Schlitten gespannt wurden, stellte sich heraus, dass jemand vor dem Gespann herlaufen musste, damit die Tiere sich überhaupt in Bewegung setzten. Nach tagelangen Versuchen gab Grenfell das Projekt auf und ließ die Rentiere frei. Nach und nach landeten sie in den Fallen der Trapper.

Seine Rettung von der Eisscholle und seine Veröffentlichung über jene Ereignisse sicherten Grenfell internationale Aufmerksamkeit. Die Gebrüder Wright, Theodore Roosevelt, George V. und Woodrow Wilson gehörten nun zu seinen Unterstützern. Grenfell dinierte mit Fürsten und Königen, er wurde zum Ritter geschlagen und erhielt das erste Ehrendoktorat, das die University of Oxford vergab. Bei gesellschaftlichen Anlässen und im Smoking ließ er sich das niemals anmerken – wirklich wohl aber fühlte er sich immer nur, wenn er bei „seinen Leuten" war, in den Buchten und Inlets von Neufundland und Labrador.

Grenfell bewunderte die Fischer für ihre seefahrerischen Fähigkeiten, ihren Mut und ihre Eigenschaft, in den widrigs-

Wilfred Grenfell mit einem kleinen Patienten. Ein Kollege sagte über Grenfell: „Wenn er zu einem Patienten sprach, war es, als existiere auf der ganzen Welt keine andere Person“

WIRKLICH WOHL FÜHLTE ER SICH NUR DANN, WENN ER BEI „SEINEN LEUTEN“ WAR, IN DEN INLETS VON NEUFUNDLAND UND LABRADOR

ten Umständen durchzuhalten, und er ließ sie seine Bewunderung spüren. Einer seiner Kollegen bemerkte einmal, Grenfell sei vielleicht kein besonders guter Chirurg gewesen, „aber wenn er zu einem Patienten sprach, war es, als existiere auf der ganzen weiten Welt keine andere Person“.

Nach beinahe einem halben Jahrhundert Einsatz für die Menschen von Neufundland und Labrador starb Wilfred Grenfell 1940 im Alter von 75 Jahren im Schlaf. Zu diesem Zeitpunkt existierten im nördlichen Neufundland und in Labrador sechs Krankenhäuser, sieben Pflegestationen, zwei Waisenhäuser, zwei große Schulen und 14 Gewerbezentren – und alle waren sie von ihm gegründet worden. Bis heute basiert die medizinische Versorgung in der Region auf Grenfells Gründungen. Aus der kleinen medizinischen Station in St. Anthony ist ein großes, modernes Krankenhaus geworden, in dem Patienten aus einem Umkreis von Hunderten Kilometern behandelt werden.

Ihm gegenüber, auf der anderen Straßenseite, erinnern eine Statue und ein Museum an den Arzt aus England, dessen Tatendrang und Unerschrockenheit das Leben in Neufundland und Labrador so nachhaltig verändert haben. Und im Krankenhaus selbst kann man eine Plakette für Moody, Watch und Spy sehen, jene drei Hunde, deren Felle Grenfell an jenem Sonntag auf der Eisscholle in der Hare Bay vor dem Erfrieren gerettet haben.

Stefan Nink, Jahrgang 1965 und Autor aus Mainz, liebt Helden aus der zweiten Reihe, Menschen, die es nie in die Geschichtsbücher schaffen, obwohl sie viel bewirkt haben. Grenfells „A Voyage on a Pan of Ice“ hat er in einem Online-Antiquariat entdeckt. „Ist geschrieben wie eine klassische Jack-London-Erzählung. Nur besser.“

NORWEGENS SCHATZKISTE

Lofoten: Brutgebiet der Papageientaucher

Tiefblaue Fjorde und üppige Wälder, gemütliche Hafenstädte und eine faszinierende Tierwelt – Abenteurer sind mit AIDAselection ganz nah am Land, an den Menschen und mitten in der Natur.

SPEKTAKULÄR SCHÖN

Fast lautlos gleitet das Schiff entlang malerischer Felsen in den ersten Hafen der Reise. Haugesund, einst Heimat der Wikingerkönige, grüßt Besucher mit einer Mischung aus lebendiger Geschichte, charmanten Cafés und kulturellen Events. Nicht weit entfernt rauscht der Langfoss rund 600 Meter in die Tiefe – einer der schönsten Wasserfälle weltweit. Wanderwege für jeden Anspruch bietet die „Bergsteiger-Hauptstadt" Åndalsnes. 708 Meter sind es bis zum Gipfel des Nesaksla, der Naturfans mit einem herrlichen Panoramablick über den Romsdalsfjord belohnt. Hoch im Norden auf den Lofoten ist die Luft wie das Nordmeer – glasklar. Die Sonne ist der Scheinwerfer, der die Stars des Nordens in Szene setzt. Die Zwerg-, Pott- und Buckelwale, die weißen Sandstrände und die Rorbuer, die roten Fischerhütten, die wie perfekt abgestimmte Farbtupfer auf die Natur wirken: Alles scheint miteinander zu harmonieren, auf den 80 kleinen Inseln oberhalb des Polarkreises. So schön, dass die Sonne im Sommer nicht untergehen will, ist der Ausblick am Nordkap bei Honningsvåg. Die Felswand gilt als nördlichster Punkt Europas und steht auf fast jeder Bucket List.

SCHIFFSREISE ZU DEN LOFOTEN

Im Frühjahr und Sommer 2023 können Sie die Wunder Norwegens bequem auf einer Kreuzfahrt ab/bis Kiel kennenlernen. Unser Tipp für alle, die intensive Naturerlebnisse lieben, Land und Leute entdecken wollen und einzigartige Erfahrungen suchen. Alle Informationen zu den AIDAselection Entdeckerreisen gibt es auf *aida.de/selection*

NORDLAND TO GO:
jetzt scannen und inspirieren lassen

Bequem und entspannt per Schiff reisen

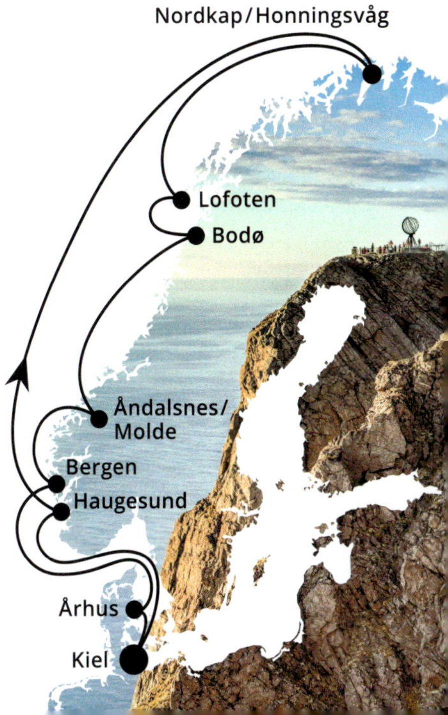

SORRY, BRO. VIELLEICHT MORGEN. Die Brandung ist gut, und ich sterbe, wenn ich heute nicht surfe." Das schrieb Andy mir am Tag unseres vereinbarten Telefoninterviews. War ja klar. Am Tag darauf frage ich ihn, wie es lief. „Nur Wipeouts", sagt er. „Die Dinger haben komplett zugemacht. Und ich bin zu fett."

Er war nicht immer fett. In meiner Erinnerung ist er ein schlanker Adonis, hochgewachsen, mit breiten Schultern und dunklem Teint, den er mehr seiner peruanischen Mutter als der kalifornischen Sonne verdankte. Sein Vater, mit deutschen und irischen Vorfahren, war ein beinharter Bauarbeiter, Spitzname „Iron Mike". Andys großer Bruder, Mike Jr., brachte Andy das Surfen bei, das war in den Sommerferien nach der sechsten Klasse. Mike war kein Surfer, aber wollte einer werden. Er und sein Freund Octavio hatten sich ein Brett gekauft und nahmen Andy mit zum Strand oberhalb vom Santa Monica Pier. Mike und Octavio hatten wenig Glück. Sie kamen auf der Welle nicht in den Stand auf ihrem Brett und gaben nach zwei Stunden auf. Andy hatte sich die Sache genau angesehen und fragte die beiden, ob er es auch mal probieren könne. Klar, lachten die. Sieh nur zu, dass du nicht absäufst. Also paddelte Andy raus, erwischte prompt eine Welle, stellte sich aufs Brett und surfte sie bis zum Strand. Mike und Octavio rannten in den Shorebreak und nahmen Andy auf die Schultern, wie einen Matador, der nach einer triumphalen Faena durch die Arena getragen wird.

Jeder Surfer hat seine eigene Ursprungsgeschichte. Aber ich habe nie von einem gehört, der die allererste Welle surft, in die er je gepaddelt ist. Es kann Stunden, wenn nicht sogar Tage dauern, bis man auf der ersten Welle steht.

„Bist du sicher, dass das nicht nur das Weißwasser war?", frage ich ihn. – „Nix Weißwasser, Bro, bin einfach auf der Wasseroberfläche entlanggeflogen."

Er hatte als Straßen-Surfer angefangen, sein Ozean war das San Fernando Valley. Manchmal skatete er über den Hügel rüber zum Campus der University of California in L.A., wo ihn hektarweise glatter Beton erwartete. Um ein wenig schneller voranzukommen, hängte er sich dabei an einen Linienbus, wenn einer vorbeikam. Oder er radelte auf seinem Schwinn-Rad mit dem langen Bananensattel. Er war auf zwei Rädern genauso gut wie auf vier und ein Meister des unendlich langen Wheelies. Als Achtklässler bekam er von seinem Vater ein Motocross-Rennmotorrad, eine Bultaco 250, für einen 13-Jährigen

Andy Shonley ist nicht berühmt, aber unser Autor meint: Das wird höchste Zeit! Nicht nur, weil Andy seit 50 Jahren surft. Eine Liebeserklärung an einen Surfbuddy

Von Kevin McAleer

Radical Andy

ein ziemlicher Brocken. Der Gleichgewichtssinn und die Risikofreude, die bei all dem zum Tragen kamen, machten sich auch beim Surfen bezahlt.

Ich glaube ihm die Geschichte mit der allerersten Welle.

Kennengelernt haben Andy und ich uns an der Crespi Carmelite High School, einer katholischen Jungenschule im wohlhabenden Süden des San Fernando Valley. Wir stammten beide aus weniger betuchten Vierteln, er aus Van Nuys und ich aus Reseda, aber unsere Eltern wollten uns mit den besseren Kreisen in Kontakt bringen. Daraus wurde nichts. Stattdessen fanden wir einander und gingen surfen. In meinem Roman über diese Zeit („Surferboy", mareverlag) nenne ich Andy „Radical Jack", ein fiktionaler Name, der für mich seine absolute Unerschrockenheit beinhaltet. Dabei wusste ich damals gar nicht so viel über ihn. Unsere Freundschaft beruhte ausschließlich auf Surfen. In gewisser Weise lerne ich ihn erst durch dieses Interview näher kennen.

„Wie ging es mit dem Surfen nach der Schule weiter?" – „Ziemlich direkt nach der Abschlussfeier bin ich ab nach Hawaii", sagt Andy. „Ich war jeden Tag an der South Shore von Oahu surfen, am Kaiser's-Surfspot und an den Rock Piles."

Nebenher kutschierte er Touristen im Fahrradtaxi durch Waikiki. Und er verkaufte Gras und besorgte den Nutten Freier. Was man als 17-Jähriger halt so tut, um über die Runden zu kommen. Nach einem halben Jahr Hawaii kehrte er zurück nach Kalifornien, um aufs College zu gehen. Oder so was in der Art. Er besuchte keine Kurse. Er besorgte sich nicht einmal die Bücher. Die Crespi High School hatte ihm eine so solide Bildungsgrundlage verpasst, dass er auch als dauerschwänzender Vollzeit-Surfer mit befriedigenden Noten durchs Studium kam. Im Dezember 1983 legte er seine Abschlussprüfungen ab, zwei Tage später war er wieder auf Hawaii, diesmal an der North Shore von Oahu, wo er seinen Surfer-Abschluss machte. Pipeline. Haleiwa. Waimea an „kleinen" Tagen, Sunset an sehr großen. Einmal paddelte der berühmte Big-Wave-Surfer Mark Foo am Sunset in Andys Welle und nahm ihm die Vorfahrt. Das klingt erst mal nicht besonders aufregend. Aber: Foo surfte normalerweise nur bei starker Brandung und sollte Jahre später von einer Riesenwelle getötet werden, was zeigt, dass sich Andy damals eindeutig in gefährliche Situationen begab.

Zur Erholung von den Touristen und dem hohen Verkehrsaufkommen im Lineup flog er zusammen mit einem Kumpel nach Tavarua. Auf der kleinen Insel in Fidschi charterten sie ein Boot und fuhren zu einem der besseren Surfspots. Ein Boot mit zwei weiteren Typen aus Kalifornien war ihnen dicht auf den Fersen. Offenbar erhoben sie Besitzansprüche auf das Riff. Und sie hatten zwei massige Fidschianer mit Macheten dabei. Tolle Erholung. Doch Andy und sein Kumpel gaben nicht auf. Sie fuhren ein paar hundert Meter weiter zum kleinen Atoll Namotu, das sie ganz für sich allein hatten.

„Heute gibt es da so ein elendes Surf-Camp", kommentiert Andy angewidert.

Er blieb ein Jahr in Hawaii, dann kehrte er erneut zurück nach Kalifornien und nahm eine Stelle im Workers' Compensation Insurance Rating Bureau an, einem Branchenverband der Berufsunfallversicherer. Er bekam einen Dienstwagen und ein Spesenkonto; seine Aufgabe war

Linke Seite **Andy Shonley mit Bomba (links) und Crazy Charlie (rechts), 1981.** *Oben* **In Kalifornien, 1976**

es, Unternehmen vor Ort zu prüfen. Sein wöchentliches Arbeitspensum erledigte er in ein bis zwei Tagen, dadurch blieben ihm fünf Tage zum Surfen, an denen er mit seinem Dienstwagen auf Tour ging, einmal sogar bis nach Mexiko. Mit so was sollte man wohl rechnen, wenn man einem Hardcore-Surfer einen Dienstwagen, ausreichend Zeit und ein Spesenkonto überlässt. Doch Andy wollte ein Dienstabzeichen haben. Er bewarb sich bei der FBI-Akademie in Quantico, Virginia, wurde angenommen und fing 18 Wochen später als frisch gebackener Ermittler bei der US-Drogenbehörde DEA an. Einen besseren hätten sie nicht finden können. Besonders für ihre Abteilung in Waikiki. Stattdessen schickten sie ihn wieder zurück

Ganz oben **Andy mit Freundin Jenny am Surfspot Ventura County Line, Kalifornien, 1979.** *Darunter* **Crespi Surfclub, Andy (Bildmitte) und Autor Kevin McAleer ganz hinten links, Encino, Kalifornien, 1979**

nach L.A. Andy stand auf das Räuber-und-Gendarm-Spiel. Aber manchmal starben dabei Kollegen. Einen Tag waren sie da, am nächsten nicht mehr. Dann knallte sein Dienstwagen auch noch mit zwei anderen Autos zusammen. Andy trug keine Schuld am Unfall. Nur leider saß seine Mutter mit im Wagen. Es hätte schlimmer sein können – immerhin war es nicht sein Surfboard. Aber das Privatleben hat in einem Behörden-Dienstfahrzeug nichts zu suchen, und so wurde er 31 Tage vom Dienst suspendiert. Diese unfreiwilligen Freistellungen werden oft als „Strandtage" bezeichnet. Andy nahm das wörtlich und kaufte sich ein Ticket nach Bali. Er surfte in Uluwatu und setzte dann über nach Java und zum Surfspot G-Land. Zwischen seinen Surf-Sessions bewies er seine Ping-Pong-Fertigkeiten im Spiel gegen die dort ebenfalls surfenden Australier, die außerdem eine „Spit the Winkle"-Meisterschaft organisierten. Ich weiß auch nicht, was das ist, aber Andy klärt mich auf. Man braucht dafür einen Schlauch, den passenden Alkoholpegel und wohl auch eine australische Gemütsverfassung, denn letztlich geht es darum, Einläufe und die darauffolgenden Eruptionen als Leistungssport zu betreiben.

„Das ist auch oft ein Party-Ding", erklärt Andy mir. „Man stellt sich aufs Dach und zielt auf die Leute, die unten ankommen. Haben die mir so erzählt. In Australien ist das wohl ganz normal." – „Ich glaube, die Frage, die unsere Leser am meisten interessiert, ist: Wie weit schießt man dabei?" – „Die Typen in G-Land kamen knapp zwei Meter weit. Aber vom Dach aus geht das bestimmt noch weiter, weil man ja weiter oben ist und so."

Nach ein paar Jahren mehr in L.A. zog er weiter die Küste hinunter nach Oceanside, wo er wieder als Ermittler arbeitete – diesmal für die Kraftfahrzeugbehörde – und wieder einen Dienstwagen bekam, den er für seine Surfausflüge zweckentfremden konnte. Bei einem dieser Ausflüge kam er an dem Surfshop „Watergirl" vorbei, der Surf- und Skater-Artikel für Frauen anbot. Eine Marktnische! Gemeinsam mit einem Freund entwarf er ein Logo – eine Frau in Bikini, die mit wehendem Haar auf ihrem Skateboard steht – und stürzte sich in die Herstellung von Frauen-Surfklamotten. Ihre Firma nannten die beiden „Vinaka Girl". Das Wort *vinaka* ist fidschianisch und bedeutet „danke". Danke-Mädchen? Klingt irgendwie zweideutig. In Andys Garage in Oceanside druckten sie zunächst ihr neues Logo auf T-Shirts, dann auf Caps und Kleider und Surfboards und Skateboards, und schließlich gründeten sie ein Surf-Skate-Frauenteam, für das sie Profis wie Rochelle Ballard gewannen.

„Moment mal", unterbreche ich ihn. „Was an euren Skateboards und Surfboards war denn so frauenspezifisch?" – „Das Logo", erklärt Andy. „Und das Design. Alles so Frauenzeug, Bro, Blumen und so.

Design von Frauen für Frauen." – „Ich dachte, das Design hättest du mit deinem Kumpel gemacht." – „Wir waren in Kontakt mit unserer weiblichen Seite."

Die Geschäfte liefen ein paar Jahre lang gut. Doch irgendwann fiel Vinaka Girl der Konkurrenz zum Opfer. Heute heißt die Firma VinakaSUP und macht Produkte für weibliche und männliche Stand-up-Paddler, zu denen auch Andy selbst zählt. Als mittlerweile pensionierter Ex-Ermittler, der mit seiner Frau und drei Kindern immer noch in seinem Haus in Oceanside lebt, hat er ausreichend Zeit, sein Können zu perfektionieren. Seine beiden Jungs surfen, seine Tochter ist Boogie-Boarderin, und alle drei begleiten ihn oft auf seinen alljährlichen Surftrips nach Hawaii. Und was denkt dieser Surf-Patriarch über die nächste Generation und die Zukunft des Surfens? Seine Antwort ist dieselbe, die man von allen alten Wellenreitern hört: Die Massen machen alles kaputt. Man braucht sich nur anzusehen, was mit der einst so zauberhaften polynesischen Insel Namotu passiert ist – von Kalifornien mal ganz zu schweigen. Aber wenn alles immer schlimmer wird, warum surft dann dieser Mann immer noch, mit nunmehr über 60 Jahren? – „Das Gute am Surfen ist: Man bleibt dabei geistig jung", erklärt er. „Und daran hat sich nichts geändert. Jedes Mal, wenn man eine Welle erwischt, erinnert es einen daran, wie man das schon als Junge gemacht hat."

Natürlich. Der zeitliche Akkordeon-Effekt. Man macht etwas sehr lange, weil es sich dadurch anfühlt, als würde die Zeit nicht vergehen. Ich denke an Friedrich Schillers Satz, dass man den Träumen seiner Jugend treu bleiben sollte. Er sagte auch, dass ein Mann nur da ganz Mensch ist, wo er spielt. Schiller hatte mit so vielem recht. Aber ein Surfer war er nie. Und darum geht meine Frage auch an Shonley statt an Schiller: „Wie würdest du jemandem, der noch nie gesurft ist, die Magie daran beschreiben?" Er klingt fast wehmütig, als er antwortet: „Schließ die Augen und denke zurück an die allerglücklichste Zeit in deinem Leben. So wie damals im Mutterleib, als du noch eins mit allem warst und alles perfekt war. Du schwappst da in ihrem Bauch herum, hin und her, und genau so fühlt es sich an, wenn man draußen auf dem Meer ist und die Welle reitet."

Kurz vor Drucklegung schickt mir Andy eine E-Mail mit einem Foto, auf dem er vor der Küste Nordkaliforniens auf seinem SUP-Board surft. Die Nachricht klingt nicht nach fröhlichem Herumschwappen im Bauch von Mutter Natur, sondern eher nach ungutem Schwappen in seinem Magen.

„Ich hab Santa Cruz überlebt. 3-Meter-Wellen. Ich war bei den bis zu 2 Meter hohen. Leider hatte ich direkt davor eine Riesenportion Chili gegessen."

Text und Bild passen nicht so richtig zusammen. Ich sehe auf dem Foto nicht etwa einen Mann mit Verdauungsproblemen, sondern einen, der perfekt auf einer schulterhohen Welle reitet und im eleganten Bottom Turn in die lange, grüne Wand biegt; der Wellenkamm wird vom Küstenwind sanft gekräuselt, die Landzunge von Monterey erhebt sich blau im Hintergrund. Die Sonne scheint. Es sind nicht allzu viele Surfer draußen. Beim bloßen Anblick fühle ich mich jung.

Aus dem Amerikanischen von Julia Ritter

Kevin McAleer, 1961 in Santa Monica, Kalifornien, geboren, lebt als Schriftsteller und Übersetzer in Berlin. Er ist Verfasser des Romans „Surferboy" (mareverlag). Sein neuester Roman ist „POSTDOC. The Foreign and Other Misadventures of a Ne'er-Do-Well Scholar" (PalmArtPress). Gerade hat er die Arbeit an einem Roman über das Aufwachsen im Südkalifornien der 1960er- und 1970er-Jahre abgeschlossen.

Unten **Andy mit Freund Scott und der Pineapple Princess auf Bali, 1987.** *Ganz unten* **Zuma Beach, Kalifornien, 1982**

Die Rotarier von der Hafenkante

Im „Bombordo“ südlich von Lissabon wurde das „rodízio de peixe“ erfunden, meint jedenfalls sein Besitzer: gegrillter Fisch in der Endlosschleife. Eine Rechnung, die aufgeht, nicht zuletzt für den Wirt

Text und Fotos: Roland Brockmann

SETÚBAL, EINE KLEINSTADT SÜDlich von Lissabon, von Touristen kaum beachtet, Rua Ocidental do Mercado. Am nördlichen Ende der Straße befindet sich Europas vielleicht schönster Fischmarkt: im Mercado do Livramento. Aber da kauft João Tavira nicht ein. Viel zu teuer, wenn man jede Woche fast eine Tonne Fisch umsetzt. Der Wirt des „Bombordo“ bezieht seine Ware aus der kommunalen Auktionshalle am Hafen, nur einen Block weit von seinem Lokal. Direkter geht es nicht.

Schöner schon. Wenn auch an der Hafenkante gelegen, wo nachts die Hobbyangler stehen; das südliche Ende der Straße gleicht einem Gewerbegebiet. Im Lokal sitzt man gedrängt an Papiertischdecken unter Neonlicht. An den Wänden hängen Trikots des lokalen Fußballvereins. Aber für Altstadtromantik interessiert sich das Publikum des „Bombordo“ ohnehin nicht. Die Mehrheit sind Einheimische, und die wollen einfach nur essen, und zwar Fisch, viel Fisch. Niemand in der EU konsumiert mehr davon als die Portugiesen, je Kopf gerechnet.

Glaubt man João Tavira, dann muss der Fisch bei seinen Landsleuten vor allem frisch und der Teller voll sein. „Bei uns sind die Augen größer als der Magen.“ Und das brachte den Mittfünfziger auf eine Idee: *rodízio de peixe.* Sozusagen ein ewiger Fischkreislauf (*rodízio* von lateinisch *rota*, Kreis) – oder auch: *All you can eat.* Man kennt das aus der *churrascaria* Südbrasiliens: Fleisch vom Spieß bis zum Abwinken. Im „Bombordo“ also rotieren die Fischplatten: Bastardmakrelen, Gemeine Meerbrassen, vor allem Sardinen, auch Thunfisch – rund zehn verschiedene Sorten Fisch, aber keine Goldbrassen oder Rotbarben. Die feinen Fische bleiben dann doch den Tellergerichten vorbehalten.

Kurz vor zwölf Uhr mittags. Noch spritzen die Angestellten die Reste der letzten Nacht mit dem Wasserschlauch in die Kanalisation. Ruhe vor dem Sturm. Kurz nach zwölf herrscht schon Hochbetrieb, gar nicht so leicht, einen Platz zu bekommen. Unter der Woche rund 250, am Wochenende schon einmal 400 Gäste drängen zum Mittagstisch. Auch typisch portugiesisch: Abends geht es geruhsamer zu. Jetzt aber wuseln die Kellner mit ihren Tabletts zwischen den Tischen umher. *Rodízio* ist personalintensiv, immer wieder müssen die Gäste mit Nachschub angesteuert werden. Die Platten sind heiß. Schweiß perlt auf den Gesichtern des Personals. Und der Chef? Der steht im Rauch des vier Meter langen Holzkohlegrills wie ein Fels in der Brandung und wendet Fische. Der wohl härteste Job beim ganzen *rodízio.* Warum tut der Mann sich das an? An der Straße parkt doch sein Mercedes S500.

Das „Bombordo“ ist auch eine persönliche Erfolgsgeschichte: die von João, dem Einwandererkind, das im Alter von acht Jahren mit seinen Eltern aus der einstigen Kolonie Angola nach Portugal kam. Und vielleicht hat gerade das seinen Blick auf die lokale Mentalität geschärft, jedenfalls der eher einfachen Leute im „Bombordo“: „Fragt ein Kind hier den Vater, ob es Nachtisch haben kann“, so Tavira, „dann schaut der erst einmal in die Karte, ob Desserts im Preis inbegriffen sind. Und dann heißt es: ‚Warte, bis wir zu Hause sind.‘“

Als Herr des Grills kontrolliert Tavira, welche Fische wann auf den silbernen Platten landen, natürlich immer nur beste Ware, aber eben auch in der richtigen Reihenfolge: zunächst Sardinen, aber Thunfisch erst, wenn die Gäste schon fast satt sind. João macht kein Geheimnis aus seinem Konzept – und dass es eben nicht auf feiner Küche beruht, sondern auf klarem Kalkül: Natürlich könne ein Gast abwarten, bis die edleren Fische vor ihm auftauchen. Aber wer würde das schon durchhalten? Bis dahin essen die Leute den Salat und die Pellkartoffeln. Die beste Variante für den Wirt. So oder so, weiß Tavira, verzehrt ein Gast beim *rodízio* durch die Pausen am Ende weniger, als wenn alles gleich auf dem Teller vor ihm liegt. Und die Reste für zu Hause einpacken lassen? Nicht beim *rodízio*!

Durch die Fenster hinter dem Grill beobachtet Tavira nebenbei die Abläufe an den Tischen. Entdeckt er fehlendes Besteck oder unbeachtete Gäste, gibt er Anweisungen, während er eine neue Ladung Fisch auf die Tabletts der Kellner hievt. Der Chef als Erster unter Gleichen, der am Grill seinen Mann steht. Darin liegt vielleicht João Taviras eigentliches Erfolgsgeheimnis. Denn das verschafft ihm Respekt.

Grillfisch nach Art des Hauses

Zutaten und Zubereitung
Zum Grillen eignen sich vor allem Fische mit höherem Fettgehalt und festem Fleisch, also Sardine, Lachs, Schwertfisch, aber auch Dorade (200 g pro Person). Damit der Fisch beim Wenden nicht zerfällt, legt man ihn nicht direkt auf den Grill, sondern in spezielle Fischzangen. Diese vorher einölen, damit der Fisch nicht festklebt. Die Fische nicht zu oft wenden. Dazu serviert man im „Bombordo“ Pellkartoffeln, Oliven und einen gemischten Salat.

Bombordo
Rua Ocidental do Mercado 7, Setúbal,
Telefon +351 914 309 614.
Geöffnet von Mittwoch bis Sonntag 12 bis 15 Uhr und von 19.30 bis 22.30 Uhr, Montag 12 bis 15 Uhr, Dienstag geschlossen.

Ganz oben **Abends geht es im „Bombordo" geruhsamer zu. Mittags kommen schon einmal 400 Gäste.**
Darunter **Damit alles rund läuft beim** *rodízio de peixe*, **müssen die Fischplatten ständig zirkulieren**

EINMAL ÜBER DIE STRASSE

Fotos:
Jan Windszus

Text:
Martina Wimmer

Für Langstreckenschwimmer ist der Ärmelkanal eine legendäre Herausforderung. Doch trainieren allein reicht nicht, um die Distanz zwischen England und Frankreich zu bewältigen. Weil nur ein guter Lotse alle Zeichen lesen kann

Vorherige Seite **Gemma Lawrence, 27, britische Schwimmerin einer Damenstaffel, in Wartehaltung vor dem großen Tag**

Diese Doppelseite **Jessica Kieras, 42, beim Training. Die Psychologin aus Oregon war mit 10:21 Stunden eine der schnellsten Schwimmerinnen des Jahres 2022**

An klaren Tagen kann man die Küste Frankreichs sehen. Oberhalb der weißen Klippen von Dover, jenem ikonischen Küstenabbruch, der wie nichts anderes die Trennlinie zwischen der britischen Insel und dem europäischen Kontinent schärft, zerstreuen sich Personen auf angelegten Pfaden. Ortsansässige mit Hunden, die den Weg kennen, Touristen, die Telefone schwenkend bedenklich nah an der Kante taumeln, Jogger in ehrgeizig neonleuchtender Montur. Auf dem tiefblauen Wasserstreifen, der die Aussicht quert, verlieren sich die Silhouetten großer Frachter, als wären sie Klötze in einem antiquierten Videospiel. Wer Zeit hat in Dover, steigt dort hinauf und schaut hinunter. Doch nicht jeder sieht von hier oben dasselbe.

Sie reisen an vom anderen Ende der Welt und aus der weiteren Nachbarschaft, im Familienclan, mit Coach und Ernährungstabelle oder mutterseelenallein. Mit einem Traum, einer fixen Idee, einem Versprechen an sich selbst oder an Spender und Sponsoren. Es kann ja alles Mögliche sein, das die Menschen dazu bringt, scheinbar Unmögliches zu versuchen. Mangelndes Selbstvertrauen, Trotz, Hybris, Wut, Demut, Komplexe, zu viel Vergangenheit, zu wenig Zukunft, der Kampf um das Leben oder gegen die Vergänglichkeit, eine seltene Selbsterkenntnis, eine schnelle Laune, die sich auswächst zu einem Trainingsplan. Den zwingend braucht, wer durch den Ärmelkanal schwimmen will.

The English Channel nennen die Briten ein wenig besitzergreifend den 560 Kilometer langen Arm des Atlantischen Ozeans, der zwischen Leathercoat Point und dem Leuchtturm von Walde die Nordsee berührt; *La Manche*, der Ärmel, halten die Franzosen mit mehr Sinn fürs Bildhafte dagegen. Das Gewässer, das sie trennt, ist an seiner schmalsten Stelle eines der meistbefahrenen der Welt. An die 500 Schiffe passieren täglich die Straße von Dover in westlicher und östlicher Richtung, bis zu 60-mal pendeln Fähren die 34 Kilometer zwischen Dover und Calais.

Um da etwas Ordnung hineinzubringen, hat die Weltschifffahrtsorganisation 1967 ein Verkehrsleitsystem eingeführt, das wie eine zweispurige Landstraße funktioniert. In der nördlichen Hälfte fahren die Schiffe Richtung Atlantik, in der südlichen zur Nordsee, in der *Separation Zone* dazwischen hat keiner, der auf der Durchreise ist, etwas verloren, zu nah an den Küsten auch nicht. Jedes Schiff, das in die Straße einfahren will, muss seine Daten an die Behörden übermitteln. Rund

Linke Seite **Von Mai bis September ist der Strand von Dover Treffpunkt für alle, denen der Kanal nicht mehr aus dem Kopf geht. Hier trainieren die Hoffnungsvollen und feiern die Erfolgreichen, stets begleitet von Keith Oiller (ganz links), Kontaktmann der Channel Swimming Association**

Unten **Matthew Webb, erster dokumentierter Kanalschwimmer, wacht als Büste im Museum in Dover über allerlei Pokale, die seine Nachfolger gewinnen können**

um die Uhr wird die Engstelle von der britischen und der französischen Küstenwache kontrolliert.

Für eine handverlesene Zahl von Menschen und Booten allerdings gelten andere Regeln. In der Marina von Dover macht Stuart Gleeson die „Sea Leopard“ für die nächste Fahrt klar, und es ist kaum zu glauben, wie klein dieses Schiff ist, das sich in der kommenden Nacht im Stockfinsteren mit einem Schwimmer an der Seite quer durch die Warenströme Europas schlängeln soll. Gleeson ist Eigner und Kapitän des stämmigen Zehn-Meter-Kahns mit sehr beengtem Steuerhaus. Kurze graue Haare, joviales Grinsen, makelloses blaues Poloshirt mit Eigenwerbung auf der Brust, einer von denen, die immer etwas wacher wirken als der Rest der Welt.

Und das, obwohl er in seinen Kernarbeitszeiten von Juni bis Oktober eher wenig schläft. Weil er im Einsatz seine Konzentration über zehn, 15 oder 25 Stunden halten muss. Weil er mindestens viermal am Tag das Wetter checkt auf mehreren Karten, hüben und drüben. Weil er die Tiden seines Gewässers im Kopf haben muss, ohne darüber nachzudenken. Weil er Menschenleben schützt, im Ernstfall auch rettet. Dabei hauptberuflich Träume wahr werden lässt. Oder die einsame Entscheidung trifft, sie zu vernichten. Es geht dabei um sehr viel mehr, als nur den rechten Weg zu kennen, da mutet es ein wenig despektierlich an, dass man Bootsführer, die Schwimmer über den Ärmelkanal begleiten, in diesem Kontext Lotsen nennt.

Die anderen, die sich je nach Perspektive dem Wahnsinn oder einer außergewöhnlichen Lebensleistung verschrieben haben, nennen die Überquerung des Ärmelkanals den „Mount Everest des Marathonschwimmens“. Es ist nicht die

Lesen Sie bitte weiter auf Seite 61

Vorherige Doppelseite **Der Hafen von Folkestone bei Ebbe. Wer als Lotse sein Boot hier liegen hat, ist noch mehr den Gezeiten ausgeliefert als die Kollegen in Dover. Deren Boote dort liegen nie trocken, dafür zahlen sie mehr Gebühren**

Linke Seite **Fred (links) und Harry Mardle mit ihrem Dingi. Vater Fred ist einer der Dienstältesten im Geschäft mit den Kanalschwimmern. Und einer der wenigen, die, wie früher fast alle Lotsen aus Folkestone, in der übrigen Zeit noch fischen gehen**

Folgende Doppelseite **Wer über den Ärmelkanal will, muss nachweisen, dass er sechs Stunden lang in 15 Grad kaltem Wasser schwimmen kann. So verlangt es die Channel Swimming Association**

längste Distanz, die man sich in dieser Disziplin vornehmen kann, und es gibt Strecken, zwischen den hawaiianischen Inseln Oahu und Molokai etwa, wo die Schwimmer nicht nur gegen die Erschöpfung, sondern auch gegen ihre Angst vor Haien ankämpfen müssen. Im Ärmelkanal ist das Unwägbare subtiler, das ganze Unternehmen eine Gleichung mit sehr vielen Unbekannten. Der Lotse ist dabei so etwas wie das Rechenzentrum.

Geht die Rechnung auf, kann man auf dem Monitor in Stuarts Steuerkabine eine zart geschwungene Linie sehen, von Samphire Hoe Beach hinüber zum Cap Gris-Nez. Dann war sein Boot zur richtigen Zeit am richtigen Ort, um dem Wechsel der Gezeiten zu begegnen, um auf der französischen Seite nicht am Cap vorbeizudriften, weil die Strömung stärker ist als zwei Arme und zwei Beine, die einen Körper schon sehr lange in Bewegung halten. Er kann ja nur so schnell fahren, wie der Mensch neben ihm schwimmt.

Wird der langsamer als erwartet, werden aus der letzten Seemeile, die diesen noch vom ersehnten Ufer trennt, schnell vier oder fünf, und die Minuten häufen sich zu Stunden. Vielleicht hat auch das Wetter nicht gehalten, was es versprochen hat, und bläst ein paar Wellen in den Weg. Vielleicht haben die Medikamente versagt, die verhindern sollten, dass sich der Mensch im Wasser die Seele aus dem Leib kotzt. Viele, so Stuart, wollen nicht glauben, dass man auch beim Schwimmen seekrank werden kann.

Über die Menschen hat einer wie Stuart viel Zeit nachzudenken, wenn er ganze Nächte und Tage mit der „Sea Leopard" draußen ist, den Motor auf Superzeitlupe gedrosselt. Was sie dazu bewegen mag, den Sinn des Lebens im kalten Ärmelkanal zu suchen. Und warum es seit ein paar Jahren immer mehr werden, die sich dort spüren und beweisen müssen. Stuart war früher, wie viele seiner Kollegen, Fischer, er würde niemals freiwillig in das Wasser steigen, das sein Boot umgibt. Und er ist sichtlich zufrieden mit dem Platz, den ihm das Schicksal zugewiesen hat. Die Behörden auf beiden Seiten des Kanals gestatten nicht mehr als zwölf Booten das Geschäft mit den Schwimmern. Etwa 3000 britische Pfund kostet der Begleitservice, auf 20 bis 30 Fahrten je Saison bringen es die Lotsen, Stuart Gleeson ist, wie alle anderen, bis 2025 ausgebucht.

Seine Kunden pflegen ein teures Hobby. Zum Begleitboot addieren sich Unterkunft vor Ort und Flüge, nicht selten aus anderen Erdteilen, dazu die Gebühren der zwei Organisationen, die über das Regelwerk der Überquerung wachen. Offizielle Urkunden kosten extra. Noch mehr als Geld aber ist Zeit zu investieren. Wer den Kanal durchschwimmen will, trainiert oft Jahre, übt Dauerkraulen bei 15 Grad, feilt an Armzug und Beinschlag, lernt hoffentlich schon vorher, dass das offene Meer kein Pool ist und wie man den Körper überredet, etwas zu tun, was er eigentlich nicht mehr will. Oder den Kopf unter Kontrolle bringt, wenn er irgendwo zwischen England und Frankreich die offenkundigste aller Fragen stellt: Was zum Teufel habe ich hier verloren?

Was man nicht trainieren kann, ist das Warten. Darauf, dass es endlich so weit ist. Oder sein sollte. Das Rennen hat keine Startzeit, es gibt nicht einmal ein festes Datum für die aufgeregten Anwärter, nur einen Zeitraum, in dem sie sich bereithalten sollen, am besten eine ganze Woche. Für den einen guten Tag, an dem die Sicht klar, der Wind still, die Flut nicht zu stark ist, sechs Stunden vor Abfahrt bekommen sie dann Bescheid. Die Bootsführer geben keine längeren Prognosen ab, sie wissen, wie wankelmütig weit vorausschauende Wetterberichte sind und wie schwach die Nerven. Aber ihr Gedankenspiel ist eine einzige Jonglage. Es gibt Ranglisten für die Zeitfenster; wer zuerst bucht, schwimmt eigentlich zuerst, aber nicht jeder Schwimmer, jede Schwimmerin passt zu jeder Wetter-Flut-Konstellation. Wer stark ist und schnell, hat auch bei einer Springflut gute Chancen, wer nachts nicht gern schwimmt, scheut vor späten Startzeiten, und am Ende will keiner wirklich verstehen, warum er schon so lange in Dover hängt und keiner anruft. „Das müssen sie auch nicht", sagt Stuart gelassen, „dafür sind wir ja da. Sie sollen schwimmen."

Lesen Sie bitte weiter auf Seite 64

Es ist dieser Tag wieder einmal kein wirklich guter dafür. Starke Winde sind angesagt und hohe Wellen. Dass seit Tagen die Sonne ungehindert strahlt und das Wasser des Ärmelkanals im späten August nie zuvor gemessene 20 Grad hat, hebt nur die Laune derer, die am Strand von Folkestone vergnügt bezweifeln, ob sie wirklich in Großbritannien sind. Harry und Fred Mardle sind trotzdem hinausgefahren, mit der „Masterpiece", die wie ihr Fischerboot „Samallen" knalllila gestrichen ist. Was, wer sie näher kennenlernt, nicht mehr so ungewöhnlich finden wird, und Freds Mutter, Harrys Oma, ehren soll. Violet Mardle stammte aus einer alteingesessenen Fischerfamilie in Folkestone, dem Städtchen 13 Kilometer westlich von Dover, das einst nicht nur ein höchst vornehmes Seebad, sondern auch ein stolzer Fischereihafen war. Fred Mardle hatte mit 14 sein erstes eigenes Boot, jetzt ist er 77. Seine Frau Pearl sagt, er werde sterben auf einem seiner Schiffe. Fred sagt: „Was sollte ich sonst tun, vielleicht den Rest meiner Tage im Pub herumsitzen?"

In den 1970ern hat Fred seinen ersten Schwimmer über den Kanal begleitet, da gab es noch kein GPS und keine Elektronik, die die Lotsenboote auf den Monitoren der Frachter leuchten ließ. Auch keine Lampen, die wasserdicht strahlen und Schwimmer davor bewahren verloren zu gehen. Sie sind mit Ruderbooten direkt neben ihren Schützlingen her, um sie immer im Blick zu haben. Manchmal hat der Nebel das Ruderboot mitverschluckt, das Horn des Mutterschiffs war dann die einzige Orientierung. Sie haben die Schwimmer mit gebratenen Hühnerbeinen, Keksen und Tee versorgt. Heute wird vorzugsweise hochkonzentriertes, flüssiges Powerfood gereicht, Energieriegel und, Geheimtipp, in den späteren Stunden schale Cola. Früher kamen stattliche Männer oder entschlossene Frauen in den „Mariner Pub" und fragten die Fischer forsch, wer sie lotsen möge. Und es kann einem selbst im Fischereimuseum von Folkestone keiner mehr so richtig erklären, warum darunter eine Zeitlang vergleichsweise viele Ägypter waren.

Freds Sohn Harry sollte etwas Ordentliches werden, der Vater bestand darauf. Also wurde Harry Klempner, um nach bestandener Prüfung gleich wieder mit Fred zur See zu fahren. Auch Stuart Gleeson ist mit Fred Mardle in jungen Jahren fischen gegangen. Der wettergegerbte Fred, mit Falten, so ehrlich und tief, wie sie nur einer haben kann, der sein Gesicht immer in den Wind gehalten hat, habe eigentlich nie anders ausgesehen, meint Stuart. Und Sohn Harry, der immerhin

Linke Seite **Jessica Kieras hat früher vergeblich auf eine Karriere als Wettkampfschwimmerin gehofft. Das Schönste an der Langstrecke, so sagt sie, sei, dass der harte Konkurrenzkampf wegfalle, da jede und jeder unter anderen Bedingungen schwimmt**

Oben **Kieras hat sich drei Wochen Urlaub genommen, um voll und ganz in die Schwimmszene in Dover einzutauchen. Ihr Lotse Stuart Gleeson (links) hat sie nach ihrer Überquerung gleich mehrfach angeheuert, als Crew und als Schwimmerin einer Staffel, die kurzfristig eine Ersatzfrau suchte**

auch schon 33 ist, sagt: „Ich lerne bei jeder Fahrt von ihm.“ Es gibt keinen Tag im Jahr, an dem Fred nicht nach seinen Booten sieht. Beim letzten großen Sturm saßen Fred und Harry über Stunden am Hafen im Auto, die Flotte im Blick. Sie hätten nicht viel tun können, wenn eines ihrer Boote abgesoffen wäre, aber es war nicht daran zu denken, zu Hause zu bleiben. Ist die Schwimmsaison vorbei, fahren sie wieder mit der „Samallen“ hinaus, um Seezungen und Schollen aus dem Kanal zu holen. Aber Harry, der in der Ölzeughose so gut aussieht, dass sie eine ihm gleichende Figur in der St. Peter's Church mit jesusartig ausgebreiteten Armen unter die Decke gehängt haben, Harry, der in fünfter Generation Fischer in Folkestone ist, weiß, dass der Fang nie mehr reichen wird, um gut davon zu leben.

An jenem Tag, der eigentlich nicht dafür geschaffen war, haben die beiden einem Spanier zum vermeintlich größten Glück verholfen. Sie kannten ihn schon länger, er hat im vergangenen Jahr vier Wochen bei schlechtem Wetter vergeblich auf seinen Start gewartet. Es war seine letzte Chance, anderntags ging der Flug nach Hause, er hatte bereits traurig bekundet, sich eine weitere Extravaganz nicht mehr leisten zu können. „Normalerweise wären wir nicht hinausgefahren“, sagt Harry, „es waren absurde Windstärken angesagt.“ Vom Hafen in Folkestone zum Strand, wo die Überquerung beginnt, sind es mit der „Masterpiece“ gute 30 Minuten. Eine Zeit, die viele Bedenken zulässt. Sie hätten kein Geld von ihm verlangt, hätte er an Bord einen Rückzieher gemacht. Aber er ist geschwommen, mit schnellem Schlag bis Frankreich, in einer ziemlich guten Zeit von 10:43 Stunden. Weil er ein starker Schwimmer war und der Wind schwächer als prognostiziert. Jeder Erfolg

I CAN AND
Jon

Linke Seite **Rosalinda Hardiman, 70, schwimmt fast jedes Sommerwochenende mit ihrer Trainingsgruppe in Dover. Seit einer Kinderlähmung kann sie ihre Beine kaum mehr bewegen. 2009 kraulte sie nur mit den Armen über den Kanal**

Folgende Doppelseite **Nora Toledano, 53. Die Mexikanerin ist ein Star der Szene. Sie hat den Ärmelkanal sechsmal einfach und einmal doppelt durchschwommen und alle Strecken der Ocean's Seven gemeistert. Jeden Sommer verbringt sie mehrere Wochen als Trainerin in Dover**

ist auch einer für die, die das Boot steuern, es war ein denkwürdiger Tag für alle. „Es ist unser Job, sie hinüberzubringen", sagt Harry, der ungern große Worte macht.

In tiefer Dunkelheit versammeln sich auf dem Parkplatz der Marina von Dover ein paar Gestalten, als seien sie eine klandestine Truppe mit einem zweifelhaften Plan. Stuart Gleeson hat anders als die Mardles auf Spätschicht umgestellt. Ende August, wenn die Tage kürzer sind, findet unweigerlich ein Teil des Marathons im Finstern statt. Wer es sich zutraut, schwimmt in der Nacht los und sieht zur Belohnung im Tageslicht die Küste, die Erlösung bringt. Die anderen erleben ihren großen Moment unter Umständen im Schein einer Taschenlampe, die aus dem Dingi des Begleiters funzelt. Sie sind dort drüben auch nicht wirklich erwünscht. Den französischen Behörden ist das Kanalschwimmen ein Dorn im Auge, sie betrachten es mehr als Spinnerei denn als respektablen Sport.

Gleesons Kunde hat sich Größeres vorgenommen, er will die *Ocean's Seven* schwimmen, sieben Langstrecken, über den ganzen Erdball verteilt, 21 Menschen haben das bisher geschafft. Der Ärmelkanal soll sein dritter Haken auf der Liste werden, er ist dafür aus Neuseeland eingeflogen. Fünf Leute werden seine Etappe zum Weltstar für Eingeweihte begleiten: Stuart und sein zweiter Steuermann, zwei Begleiter, die für des Schwimmers Versorgung zuständig sind, dazu ein von der britischen Channel Swimming Association (CSA) abkommandierter Beobachter.

Der Mann von der CSA misst die Zeit und wacht darüber, dass der Schwimmer Start und Landung regelkonform absolviert (mit beiden Beinen stehend auf trockenem Boden), das Boot nach Ertönen des Startsignals nicht mehr berührt und seine Schwimmkleidung den Vorschriften entspricht (Badehose bis maximal Schritthöhe). Er protokolliert die Nahrungsaufnahme und sonstige Merkwürdigkeiten, damit im Fall eines Abbruchs im Nachgang keine Verstimmungen entstehen. Wenn die Schlagzahl der Armzüge deutlich sinkt, der Mensch im Wasser merkwürdig atmet, hustet, sichtlich Schwierigkeiten hat, steht das im Protokoll des *observer*. Eingreifen darf er nicht. Der Mensch im Wasser aber hat auch nichts mehr zu entscheiden. Wenn der Kapitän sagt, „Du schaffst es nicht", muss er raus.

Stuart Gleeson hat auf der „Sea Leopard" schon Dramatisches erlebt. Vor einigen Jahren fing ein Schwimmer nach ein paar Stunden im Wasser verdächtig zu husten an, versuchte es zu verbergen. Stuart entschied, ihn herauszuholen. An Bord kollabierte der Mann, sie waren in der Mitte des Kanals, es musste schnell gehen, der Schwimmer wurde per Hubschrauber abtransportiert und überlebte. Er hatte ein Lungenödem, bedingt durch körperliche Anstrengung im kalten Wasser, auch SIPE, Swimming-Induced Pulmonary Edema, genannt. Es ist der größte Horror von Schwimmern und Bootsführern, der grundgesunde, besttrainierte Menschen aus noch nicht ganz erforschten Gründen treffen kann.

Letztlich aber halten sich die Risiken des Kanalschwimmens in Grenzen. Insgesamt zehn Todesfälle gab es, seit Matthew Webb, Kapitän der Handelsmarine, am 25. August 1857, vor dem Salzwasser geschützt durch eine Schicht Schweinswalöl, die erste dokumentierte Überquerung des Ärmelkanals ohne Hilfsmittel gelang, in etwa 21 Stunden und 40 Minuten. Bis zum heutigen Tag hat Webb nur 1881 erfolgreiche Nachahmer gefunden, auf dem Gipfel des Mount Everest waren seit dessen Erstbesteigung 1953 fast fünfmal so viele. Der legendäre Captain Webb, der danach von seiner Einzigartigkeit lebte, ein Buch über die „Kunst des Schwimmens" schrieb und seinen Namen in Teepötte brennen ließ, ist allerdings schlussendlich bei einem weiteren Rekordversuch im Niagara ertrunken.

Ein Kanalschwimmer, eine Kanalschwimmerin zu sein, das ist, so scheint es, für alle, die es versuchen, eine unsichtbare Medaille zur Zierde des eigenen Selbstbilds. Wer die Conditio humana, die dem zugrunde liegt, ausleben oder ergründen will, geht am Wochenende zum Hafenbecken von Dover. Dort wird trainiert, in Gruppen oder einzeln, betreut oder mit Eigensinn. Der Strand, der die ausgewiesene Schwimmzone säumt, ist so etwas wie der *Walk of Fame* der Szene. Emma France, die lieber selbst Witze über ihren Nachnamen macht, bevor es jemand

Lesen Sie bitte weiter auf Seite 70

anders tut, bezieht ihren Posten dort kurz vor zehn. Bewehrt mit Plastikboxen voll Badekappen, die ihr Logo tragen, darunter der Wahlspruch jedes Anwärters: *I can and I will, watch me.* Sie ist die Chefin von Dover Channel Training und gleichzeitig bestes Beispiel dafür, dass wer die Herausforderung, die hier vor aller Augen mit strammer Dünung droht, annehmen will, keine Musterathletin sein muss.

Emma France, 54, ist eine kleine, kompakte Person, so stämmig und handfest wie ihr Humor. Vor 20 Jahren konnte sie noch nicht einmal kraulen, mittlerweile hat sie den Ärmelkanal dreimal allein durchschwommen, dazu 20-mal in Staffelformationen. Und sie hat unzähligen Menschen dazu verholfen. Ihre wochenendlichen Trainingseinheiten beginnen meist mit einem Applaus und ein paar Blechmedaillen für die, die es in den Tagen davor geschafft haben. Die, umringt von denen, die üben, schnappatmen vor Stolz oder bei jedem Satz in Tränen ausbrechen.

Es ist unfassbar schwer", sagt Emma, „so lange im Wasser zu sein. Das Einzige, was du hast, sind deine Gedanken." Die Physis drille man mit einem strikten Trainingsplan, steigere die Stunden, verbessere die Technik, viel wichtiger aber sei es, in die Köpfe ihrer Schützlinge vorzudringen. Um bei Tiefpunkten für jede und jeden das passende Gegenmittel parat zu haben. Es kam schon vor, dass ihre Kollegin Mandy spontan in ein goldenes Glitzerkleid schlüpfte und zur Wasserkante raste, weil jemand zu früh aufzugeben drohte. „Hat geklappt", sagt Emma trocken, „der war so verwirrt, dass er weitergeschwommen ist." Die Stimmung der Truppe gibt ihrer Strategie recht. Wüsste man nicht, um was es geht, könnte man meinen, Zaungast bei einem gut gelaunten Picknick zu sein. Es ist überhaupt erstaunlich, wer sich hier alles an einem strahlenden Sommersonntag trifft.

Auf der Promenade oberhalb von Emmas Trainingslager macht sich die 70-jährige Rosalinda Hardiman zum Schwimmen bereit. Mit sechs Jahren hatte sie Kinderlähmung, seither sind ihre Beine zu schwach, um sie mehr als ein paar Schritte zu tragen. Um nur mit ihren Armen durch den Kanal zu schwimmen, hat sie 20 Stunden und 19 Minuten gebraucht. Keith Oiller, der Mann, der sie in ihrem Rollstuhl zum Wasser schiebt, ist ehrenamtlicher Kontaktmann der CSA für alle Schwimmer, die einen Versuch anmelden. Er kennt hier so gut wie jeden, auch jene, die vor Jahren geschwommen sind und als Sonntagsvergnügen dem eigenen Heldentum nachspüren. Ein paar Meter weiter

Linke Seite **Von den Klippen kann man an klaren Tagen Frankreichs Küste sehen. Wer sich dorthin schwimmend aufmacht, dem raten Erfahrene, nie zurückzuschauen, weil im Kanal jede Entfernung trügt**

Unten **Sie haben sich in einem Schwimmclub kennengelernt und, von den Mardles gelotst, als Staffel den Kanal bezwungen: Judith Baker, 55, Catherine Dash, 42, Gemma Lawrence, 27, Andrea Hawkins, 48, Sue Woolley, 59, und Laura Clarke, 43 (v.l.n.r.)**

trainiert Kevin Murphy mit legendenhafter Lässigkeit einen jungen Mann im Wasser. Der 63-jährige Brite durfte sich mit 34 Überquerungen eine Zeit lang „King of the Channel" nennen. Wenn er vom Leben auf der Jagd nach Rekorden erzählt, unterbricht nur das Signal seiner Armbanduhr den Wortfluss. Dann muss er schnell zum Wasser, ein bisschen anfeuern und dem Vorbeischwimmenden einen Powerriegel reichen.

Sein ehemaliger Titel ist nur einer von vielen, die in den Archiven um Bewunderung buhlen. Rekordzeiten und Zweifach-, Dreifach-, Vierfachüberquerungen, das kälteste Wasser, die stürmischste See, der erste Inder, die langsamste Schwimmerin, die Liste der Auszeichnungen ist lang, weil der Mensch offenbar stets danach strebt, unter den Besonderen der Besondere zu sein. Doch selbst Kevin Murphy verschluckt sich fast vor Ehrfurcht, wenn ganz beiläufig Marcella MacDonald an ihm vorbei schlendert. Die 55-jährige Amerikanerin ist vor ein paar Tagen von Ramsgate bis nach De Panne geschwommen, 39 Stunden lang, sechs davon im Kreis, weil sie vor Belgien auf die Flut warten musste. Nur eine Bandage am Handgelenk zeugt von der Tortur und die mürrische Miene ihrer Ehefrau, die sie dabei begleitet hat. Der ist das Schaulaufen im Mekka der Marathonschwimmer sichtlich zuwider. Überhaupt, mault sie deutlich hörbar, müsse es jetzt einmal ein Ende haben mit der Schwimmerei.

Für die Liebsten derer, die mit dem Kanal zu tun haben, ist es nicht immer ganz einfach, das weiß auch Pearl Mardle, die ihren Mann Fred in den letzten Wochen kaum wach gesehen hat, weil er Tag und Nacht auf See war oder sich schlafend von den Touren erholte. Trotzdem begleitet sie ihn am freien Sonntagnach-

Slazenger

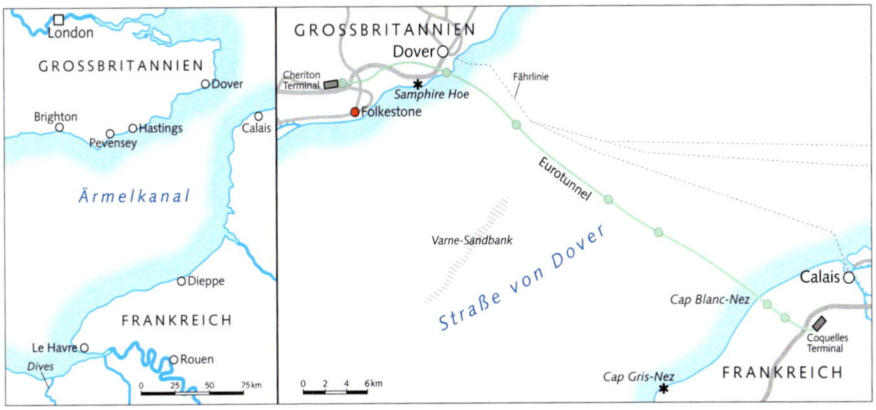

Linke Seite **Caroline Billings trainiert regelmäßig mit ihren Freunden im Hafenbecken von Dover. Die ideale Schwimmlinie über den Kanal verläuft von Samphire Hoe zum Cap Gris-Nez** *(oben)*. **Doch die komplizierte Rechnung aus Strömung, Gezeiten, Wetter, Wellen, Tempo und Ausdauer macht bei fast allen eine große S-Kurve daraus**

mittag zur Promenade von Dover. Es ist auch für die Bootsführer hier ein bisschen wie ein Stammtisch unter freiem Himmel. Eine Interessengemeinschaft mit einem Thema, das nicht nur jene nicht mehr loslässt, die bereits im Mai bei 15 Grad ins Wasser gehen, um, wenn der Anruf kommt, fit zu sein. Die Frau am Arm von Fred Mardle sieht aus wie eine, die einen Laden zusammenhalten kann. Das musste sie auch, neben drei eigenen Kindern haben die Mardles insgesamt 40 Pflegekinder betreut, diesen Sommer sind Pearl und Fred 50 Jahre verheiratet.

Stuart Gleesons erste Ehe ist gescheitert am unsteten Arbeitsalltag des Kanalschwimmerlotsen. „Sie hat's nicht begriffen", sagt Stuart trocken. Seine zweite Frau hat er auf seinem eigenen Schiff zum ersten Mal gesehen, als sie spontan eingesprungen war als Crew bei einer Überquerung. Und, weil nicht seefest, die ganze Fahrt mit einem Eimer in der Ecke lag. Es hat dann noch eine Weile gedauert, bis sie zusammenkamen. Die „Sea Leopard" hat sie nicht mehr betreten, sie kümmert sich wie Pearl Mardle um die Geschäfte an Land. Sie beantworten E-Mails der Schwimmerinnen und Schwimmer, fragen Leistungsniveau und Passnummern ab, halten Kontakt und vertrösten, feiern mit persönlichen Worten nicht nur die Erfolge auf Facebook. „Jeder Mensch, den wir begleiten", sagt Pearl Mardle, „hat eine persönliche Geschichte. Wir sind Teil davon. Das beschäftigt mich." Obwohl sie den Menschen nur selten begegne, deren Reise sie organisiert.

Eine Reise, deren Ziel, sagt Harry, ihr Sohn, ein seltsam einsamer Moment sei. Dann stehen sie an einem Strand oder auf einem Felsen in Frankreich, erschöpft und vom Salzwasser oft unschön angegriffen, und viele sehen dabei nicht so aus, als ob eine Fanfare in ihrem Kopf ertönt. Er holt sie dort ab, mit seinem Beiboot. Drei Stunden braucht die „Masterpiece" bei normalem Tempo wieder über den Kanal zurück, die meisten schlafen irgendwann auf der Überfahrt ein. Wenn sie aufwachen, im Hafen von Folkestone, ist Chris Gale vielleicht gerade dabei, die Lade seiner Fischbude hoch- oder herunterzuklappen. Gale ist Stuart Gleesons Onkel und einer der wenigen hauptberuflichen Fischer, die Folkestone noch hat. Er holt Hummer, Muscheln und Krebse aus dem Kanal und verarbeitet sie zu allerlei Delikatessen, die er ein wenig mürrisch verkauft. An der Wand seiner Bude steht in geschwungenen Lettern *Fresh seafood subject to sea conditions and hangovers.*

Chris Gale hat früher ebenfalls Schwimmer begleitet, aber danach gefragt, winkt er verärgert ab. „Ich will mit dem Zirkus nichts mehr zu tun haben. Was ist denn außerdem so toll daran, sich etwas vorzunehmen, das schon tausend andere gemacht haben?" Harry Mardle meint, es sei nicht jeder geschaffen für diesen Beruf, man brauche vor allem Unmengen an Geduld. „Sie gehen ins Wasser. Schwimmen. Gehen wieder hinaus. Und du stehst am Steuer. Über Stunden. Es kann ganz schön langweilig werden, dieses ewige *splash, splash, splash, splash.*"

Fotograf Jan Windszus war fasziniert vom Durchhaltevermögen der Schwimmer/innen und der mentalen Kraft, die neben der physischen nötig ist. mare-Redakteurin Martina Wimmer liebäugelt seither mit der Idee des Kaltwasserschwimmens, zumindest den professionell wärmenden Badeponcho hat sie schon gekauft.

DIE FÄDEN DES SCHICKSALS

Von Karl Spurzem

DER TEPPICH VON BAYEUX IST DAS BEDEUTENDSTE, BILDMÄCHTIGSTE KUNSTWERK DES MITTELALTERS.

ES ERZÄHLT DIE EROBERUNG ENGLANDS DURCH DIE NORMANNEN – DIE LETZTE INVASION DER INSEL

VIELLEICHT LERNT MAN IN DEM Saal eines ehrwürdigen Gemäuers in der Normandie über Frankreichs und Englands Geschichte mehr als in einem Proseminar. Das sagen sich auch die Lehrerinnen und Lehrer, die tagtäglich ihre Klassen in das alte bischöfliche Seminar von Bayeux führen – zu einem Unterricht in Form einer Bildgeschichte, einem Comic nicht unähnlich, wie gemacht für die visuelle Generation der *digital natives*. Entstanden ist sie aber, beinahe paradox, vor fast 1000 Jahren, im Hochmittelalter.

Die Bilder schildern auf einer fast 70 Meter langen Stoffbahn den Streit um den englischen Thron und die daraus folgende normannische Invasion Englands im Jahr 1066. Sie sind das wichtigste Zeugnis des Geschehens in jenem Schicksalsjahr, nicht nur für Frankreich und England, sondern für ganz Europa. Als wäre es nicht genug, sind sie zugleich das bedeutendste erhaltene Kunstwerk des Mittelalters, das wir leichthin das „finstere" nennen, ein unsterblicher Mythos einer verfälschenden neuzeitlichen Geschichtsbetrachtung.

DAS KUNSTWERK Der „Teppich von Bayeux" ist eigentlich die „Stickerei von Bayeux" – ein Leinentuch, um 50 Zentimeter breit und etwas mehr als 68 Meter lang, in neun Teilen, der längste 14, der kürzeste drei Meter lang. Darauf gestickt, mit nahezu einem Zentner farbiger Wollfäden, sind 58 Bildszenen. Die ersten 35 schildern die vertrackte Vorgeschichte und die Vorbereitung der Invasion seit 1064, die folgenden die Überfahrt der normannischen Flotte 1066, die entscheidende Schlacht bei Hastings im selben Jahr und schließlich Niederlage und Flucht der geschlagenen Engländer und den Tod ihres Königs. Es fehlen Schlussszenen, die ursprüngliche Länge des Tuchs ist daher unbekannt. Das Hauptfries haben die Vorzeichner der Stickerei (von denen man annimmt, dass sie die Ereignisse erlebten) am oberen und unteren Rand mit einer Borte versehen, die die Erzählung schmückt, aber an manchen Stellen auch Teil von ihr ist.

Der Zustand ist beklagenswert – Flickstellen und Spuren von Rost, Mikroorganismen, Wachs (die bezeugen, dass der „Teppich" im Langhaus der Kathedrale von Bayeux zeitweilig als Wandbehang diente) und stümperhaften Reinigungsversuchen.

Entstanden ist er einige Jahre nach den dargestellten Ereignissen, zwischen 1070 und 1080, vermutlich in Südengland, wohl von höfischen Stickerinnen. Sie müssen die besten gewesen sein, die Europa hatte, denn die *tapisserie de Bayeux* ist in ihrer handwerklichen Feinheit, ihrer Subtilität und künstlerischen Ausdruckskraft singulär. Keine andere Stickerei des 11. und 12. Jahrhunderts hat die Zeitläufte in Nord- und Westeuropa überstanden.

Und so ist die *tapisserie* ein Bilddokument, das unzählige Fragen ans Mittelalter beantwortet – nicht nur über die Invasion, auch über Alltag, Gewohnheiten, Essen und Trinken, Sexualität, Frisur- und Bartmode, Kleidung, Waffen, Transport, Architektur, Schiffbau und so fort. Das Bestiarium in den Borten reicht von Haustieren über wilde bis zu exotischen wie Kamele. Die lateinischen Inschriften an den Szenen sind lapidar; oft sind es nur Personen- oder Ortsnamen, dann wieder kurze Sätze, die mit „Hic …" („Hier …") beginnen wie „Hier ziehen sie die Schiffe zum Meer" oder „Hier wird Fleisch gekocht".

Und dennoch, bei allem Detailreichtum lässt uns das monumentale Werk über vieles im Unklaren, es ist voller Rätsel und Mysterien. Jahrhunderte verschlief es im *trésor* der Kathedrale von Bayeux, unterbrochen von Zeiten der Misshandlung, am heutigen Ort ist es seit 1982, geadelt als Weltdokumentenerbe. Geforscht wird daran seit dem 18. Jahrhundert, doch weiß man weder, wann und wo genau es entstanden ist, noch, wer es beauftragt hat und angefertigt und weshalb überhaupt.

Die Präsentation macht ehrfürchtig, sie macht das Epochale des Werks spürbar. Der Gewölbesaal des Seminars mit drei langen Gängen, die sich zu einem riesigen U formen, ist dunkel und feierlich, sakral. Hinter Panzerglas hängt das Tuch auf einer Polsterung, klimatisiert und effektvoll beleuchtet wie eine Reliquie, beinahe transzendent – eine Inszenierung, wie sie nur die lateinische Welt beherrscht. Still gehen die Besucher von einer Szene zur nächsten, geführt vom Audioguide. Dem Sog der Erzählung können sich selbst Kinder nicht entziehen, sie stehen mit großen Augen vor dem seltsamen Comicstrip.

DIE INVASION Ihre Geschichte ist windungsreich, komplex, und sie handelt von Macht, Versprechen und Verrat, von Rache und Ranküne, vom Kampf der Raffinesse des frankonormannischen Höfischen gegen die archaische Wucht des Angelsächsischen. Wer das Mittelalter für finster hält, muss wenigstens konzedieren, dass seine Machtpolitik höchst entwickelt war und der Neuzeit in nichts nachsteht.

Und so kam es zu den Ereignissen von 1066: Der Zerfall des Frankenreichs nach dem Tod Karls des Großen führte zur Dreiteilung des Gebiets. Die Könige des Westteils, des Westfränkischen Reichs, überließen große Territorien als Herzogtümer ihren Vasallen, die sich im Gegenzug zur Treue verpflichteten. Dazu gehörte auch das Herzogtum Normandie, das sich 911 mit einem Vertrag zwischen König Karl III. und dem Wikingerhäuptling Rollo begründete und nach dem Volk der Normannen nannte.

150 Jahre danach – und hier beginnt die Erzählung der *tapisserie* – sann ein Nachfahre Rollos, Herzog Wilhelm, über ein Versprechen. Den ehrgeizigen Wikinger, Spross einer unter Normannen üb-

lichen polygamen Ehe, aber ohne Kirchensegen (weshalb man ihn „Wilhelm den Bastard“ nannte, was er nicht gern hörte und drakonisch strafte), beflügelte der Gedanke, König von England zu werden. So hoffte er, seinem Lehnsherrn, Frankreichs König Heinrich I., ebenbürtig zu sein. Denn Wilhelm, über einige Zweiglein im Stammbaum der englischen Monarchien mit Englands König Eduard verwandt, beharrte darauf, dass der ihm einst den Thron versprochen habe *(Szene 23)*.

Ihm gegenüber, auf der englischen Seite, standen gleich vier Gegner. Sie alle stritten sich seit Langem um den Thron Eduards, der kinderlos war, als er im Januar 1066 starb *(Szene 27)*. Eduard war Angelsachse, Angehöriger jenes germanischen Volks, das seit dem 5. Jahrhundert aus Sachsen und Angeln auf die Inseln eingewandert war und dort die alte keltisch-römische Bevölkerung verdrängt hatte. Wilhelm sah den Streit der Angelsachsen um die Krone als seine Chance und begann, seinen Überfall auf England zu planen.

Im Frühjahr 1066 befahl er den Bau von Schiffen *(Szene 35)*, Ende April – im Zeichen des Halleyschen Kometen, den man als Vorboten des Unheils deutete *(Szene 33)* – wurden die ersten Schiffe in der Mündung der Dives zusammengezogen. Im August hatte Wilhelm schließlich eine Flotte von 600 Schiffen und 7000 Soldaten zusammengestellt. Viele von ihnen waren nachgeborene Söhne, die kein Anrecht auf ein Erbe hatten. Wilhelm versprach ihnen Land und Titel, wenn sie Pferd, Waffen und Rüstung selbst stellten.

Als Wilhelms Endgegner stellte sich Harald Godwinson heraus, ein angelsächsischer Schwager Eduards, der sich nach drei Feldzügen gegen seine englischen Konkurrenten durchsetzte und sich am Tag nach Eduards Tod in der Westminster Abbey zum König wählen ließ *(Szene 30)*.

Die Inthronisation nahm Wilhelm als Zeichen zum Aufbruch. Ungünstiger Wind hielt ihn noch einige Wochen auf, dann gab er an Bord seines Schiffs „Mora“ in der Nacht zum 29. September 1066 mit einer Laterne das Signal zur Überfahrt der Flotte *(Szene 38)*. Am Morgen landete sie unbemerkt an der Südküste bei Pevensey.

Wilhelm ließ rasch eine Befestigung bei Hastings bauen *(Szene 45)*, während Harald seiner Armee einen Gewaltmarsch von London aus auferlegte, um den Invasoren entgegenzutreten. Früh am 14. Oktober begann die entscheidende Schlacht in Hastings *(Szene 48 ff.)*. Sie blieb lange unentschieden, bis am Abend ein normannischer Pfeil Harald ins Auge traf und er starb. Daraufhin flohen die Angelsachsen vom Schlachtfeld *(Szene 58)*. Hier endet die gestickte Erzählung.

DIE AUSWIRKUNGEN Wilhelm war am Ziel. Am 25. Dezember 1066 ließ er sich in Westminster krönen. Während Englands Süden sich schnell seiner Herrschaft fügte, hielt sich der Widerstand bis 1072, als Wilhelm, der nun nur noch „der Eroberer“ genannt werden wollte, nordwärts bis vor Schottland zog. Er nahm angelsächsischen Lords, die seine Legitimität infrage stellten, Land und Titel und gab sie an Normannen. Klug, wie er war, ermunterte er den neuen Adel, sich mit dem Bürgertum zu verbünden, was die Entwicklung des Parlamentarismus förderte. Offenkundigste Veränderung war die lateinisch geprägte anglonormannische Sprache, die das germanische Angelsächsisch ablöste. Sie bildet das heutige Englisch.

Wie nicht zuletzt auch seine ausgeklügelte Verwaltung, die in einem aufwendigen Zensus gipfelte. 1085 befahl er, den eigenen wie den Besitz seiner Untertanen systematisch zu erfassen. Das Grundbuch Englands entstand, das *Domesday Book*, in dem jedes Besitzverhältnis festgehalten wurde (und besteuert) werden konnte. Noch heute wird bei Rechtsstreiten gelegentlich darauf zurückgegriffen, inzwischen auf der CD-Rom „Domesday Explorer 1.0“.

Der so weitsichtige Wilhelm sah eines aber nicht voraus: die keimende Feindschaft zwischen Anglonormannen und Franzosen – ein ungeahnter Paradigmenwechsel. Denn die Normannen behielten die Macht in der Normandie, wo sie Vasallen des französischen Königs blieben. Zugleich aber war ihr Herrscher diesem als englischer König gleichgestellt, politisch eine Zwickmühle. Als Wilhelm 1087 in Rouen starb (er hielt sich zeitlebens lieber in Frankreich auf), war der Konflikt zwischen beiden Reichen entzündet. Und mit ihr die Frankophobie der Neuengländer.

Die Folge waren zahllose Kriege zwischen den Exfreunden, einer nach dem anderen, sie zogen sich über acht Jahrhunderte, die Englisch-Französischen Kriege, die Kriege der Barone, der Dritte Kreuzzug, der Hundertjährige Krieg, und das sind nur die bis zum 14. Jahrhundert.

DAS ENGLISCHE TRAUMA Es blieb eine erbitterte Feindschaft, die sich erst im späten 19. Jahrhundert milderte, als sich das Empire in der wohligen Schmollecke der *Splendid isolation* einrichtete und sich schließlich in der *Entente cordiale* von 1904, dem Vertrag über eine Hassliebe, mit Frankreich verbündete – ein machtpolitisches Wunder, wohl weil das Deutsche Reich den Engländern zusehends unbehaglich wurde.

Obwohl es seit dem Jahr 1066 nie wieder eine Invasion gab, blieb die Angst davor tief in der englischen Seele eingepflanzt. Sie sublimiert bis heute in der Alltagskultur des britischen Verhältnisses zu Frankreich – in mokanten Witzen über die *frogs*, in boshaften Schlagzeilen des Boulevards, die Frankreichs angebliche Feigheit vor dem Feind verhöhnen, im Spott über

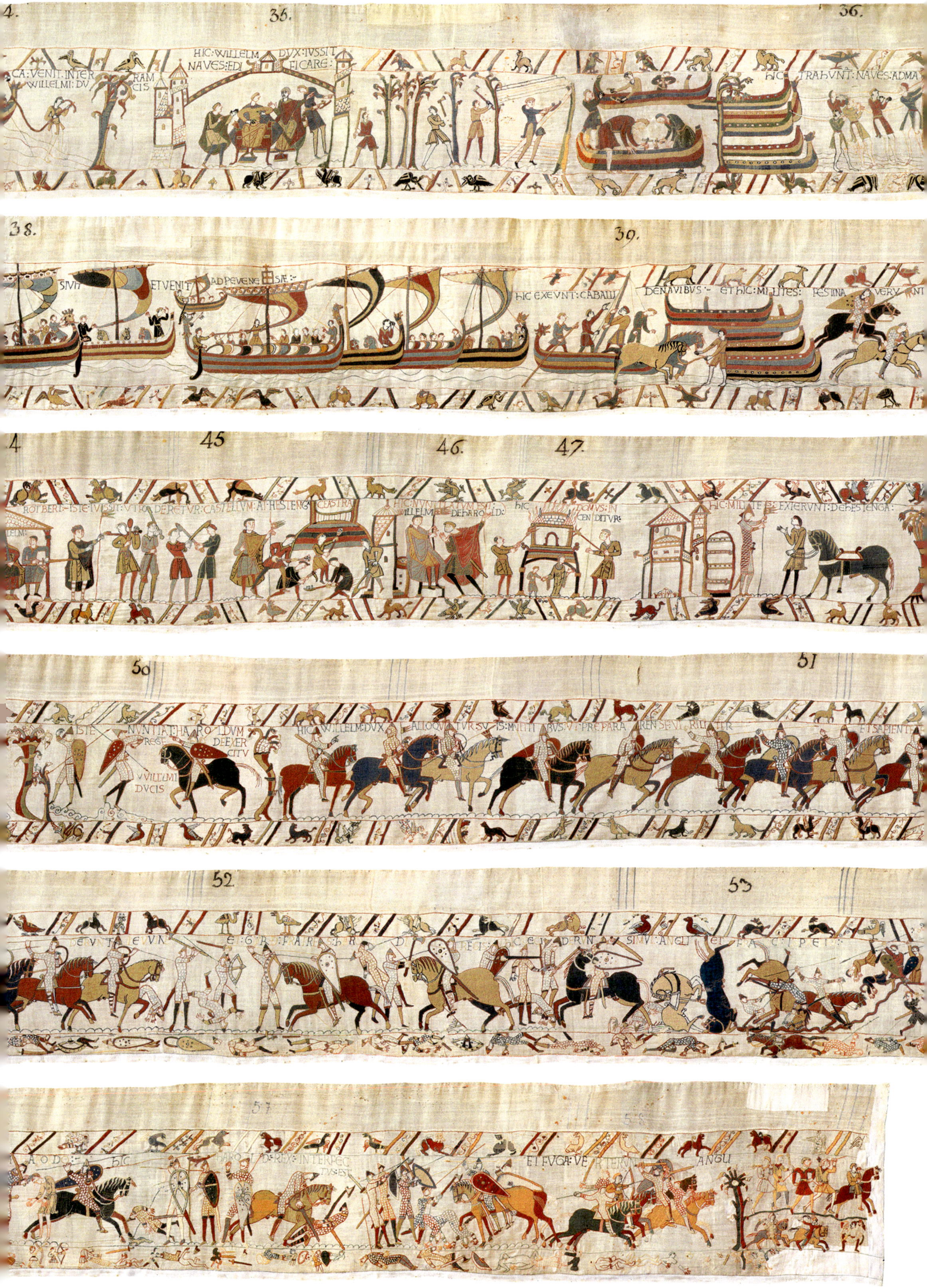
HIC: WILLELM DVX: IUSSIT NAVES: EDI FICARE:
HIC TRAHVNT: NAVES: ADMA
HIC EXEVNT: CABALLI
ET HIC: MILITES: FESTINA
HIC: WILLELM DVX

französischen Müßiggang, im Schmäh einer überfeinerten *cuisine* und so weiter. Immer wieder bricht das uralte antifranzösische Ressentiment hervor, regelmäßig bei politischem Ärger, wie im Wahlkampf der Rechtsaußen-Brexiteers (deren Kampagne gegen Einwanderung diese gern von ihren Landsitzen in der Gascogne steuern) oder im jüngsten „Krieg“, dem Fischereistreit im Ärmelkanal von 2021.

Vor Jahren befragten Historiker der Universität Manchester gut 2000 Briten nach ihren Gefühlen für die Franzosen. Das Ergebnis: Es gibt eine kollektive Traumaerfahrung, die von „1066“ ausgelöst wurde. 39 Prozent gaben an, dass die Invasion ihr Bild von den Franzosen negativ beeinflusse, 83 Prozent davon waren Anhänger der British National Party.

Karl Spurzem, geboren 1959, ist mare-Redakteur.

Von
Bernd Flessner

TUNNEL

KOPF AN KOPF, NUR DURCH EINE Wand getrennt, träumen 1907 der britische König Edward VII. und der französische Präsident Clément Armand Fallières gleichzeitig von einem Eisenbahntunnel, der England und Frankreich verbindet. Von beiden Seiten des Kanals werden Stollen vorangetrieben, bis sich die Röhren treffen. Eine spektakuläre Sprengung stellt schließlich die Verbindung her. Die Arbeiter feiern den Erfolg. Wenig später fährt der erste Zug durch die Röhre. Doch dann wird der Traum zum Albtraum. Zwei Züge rasen aufeinander zu und kollidieren. Die Explosion beschädigt die Tunneldecke, Wasser dringt ein.

In diesem Augenblick erwachen die beiden Regenten schweißgebadet. Als dann auch noch ein Ingenieur erscheint und ihnen einen tatsächlichen Plan für einen Kanaltunnel präsentiert, verlieren sie die Fassung. Allerdings nur in dem Film „Le Tunnel sous La Manche ou Le Cauchemar franco-anglais" von Georges Méliès, einem Pionier der Filmgeschichte.

So utopisch der Film auch anmuten mag, er basiert dennoch auf einem realen Treffen. Vom 25. bis zum 27. März 1802 verhandeln nämlich Napoléon Bonaparte und der britische Außenpolitiker Charles James Fox in Amiens über einen Frieden zwischen Frankreich und Großbritannien. Die Gespräche sind schwierig, doch dann sorgt ein Vorschlag von Albert Mathieu-Favier für strahlende Gesichter. Der französische Bergbauingenieur arbeitet seit 1798 an dem ehrgeizigen Plan, einen Tunnel unter dem Kanal zu bauen. Napoléon und Fox sind begeistert. Könnte das die Lösung des Zwists zwischen den beiden Nationen sein?

Die Idee ist indes nicht neu. Sie wurde 1751 erstmals vom französischen Geologen Nicolas Desmarest öffentlich formuliert. Doch erst Mathieu-Favier konkretisiert das Vorhaben. Von Dover und Calais aus sollen Tunnelröhren unter dem Kanal hindurch gegraben werden und sich in der

1751 KAM DIE IDEE AUF, EINEN TUNNEL UNTER DEM ÄRMELKANAL ZU BAUEN. DOCH DIE ANGST DER BRITEN VOR EINER INVASION WAR SO GROSS, DASS ER ERST 1994 FERTIG WURDE

Ein Entwurf des Tunnels, erschienen 1876 in der Zeitschrift „L'Illustrazione Italiana“

Mitte treffen. Dort liegt die Varne-Sandbank, die zur künstlichen Insel aufgeschüttet werden soll. Während ein Leuchtturm für navigatorische Sicherheit sorgt, können über einen vertikalen Zugang die Pferde gewechselt werden. Unzählige Öllampen sind vorgesehen, um den Tunnel zu illuminieren. Mächtige Lüftungskamine, die aus dem Wasser ragen, sollen für Frischluft sorgen. Nur fünf Stunden, so der Plan, soll die Passage dauern.

Doch der so mühsam ausgehandelte Friede von Amiens hält nur ein gutes Jahr, während sich Mathieu-Faviers Plan als technisch undurchführbar erweist. Vor allem die riesigen Kamine liegen weit außerhalb der damaligen Möglichkeiten. Das gilt auch für den Plan des englischen Ingenieurs Henry Mottray, der keinen Tunnel graben, sondern vorfabrizierte Röhrenelemente versenken will – ein Plan, der ebenfalls undurchführbar ist.

Als besonders hartnäckig erweist sich der französische Bergbauingenieur und Offizier Aimé Thomé de Gamond. Fast 30 Jahre lang befasst er sich mit dem Tunnelprojekt, das vor allem der Völkerverständigung dienen soll. Seinen ersten Vorschlag, der auf dem Plan von Mottray basiert, präsentiert er 1834: ein versenkbarer Stahltunnel, dessen Elemente sich wie ein Teleskop auseinanderziehen lassen.

Um die Beschaffenheit des Meeresbodens zu ermitteln, unternimmt er lebensgefährliche Tauchgänge, ohne jede Taucherausrüstung, nur mit Gewichten beschwert. Noch dazu attackieren ihn riesige Meeraale. Als er 1867 seine neuesten Pläne Napoléon III. und Queen Victoria unterbreitet, berichtet er erschöpft: „Ich habe meine Studien bis an die Grenzen meiner persönlichen Kräfte geführt. Diese Arbeit muss nun von anderen intelligenten Menschen übernommen werden, die in der Psychologie von Gesteinen und

40 Meter unter dem Meeresboden, acht Kilometer vor Dover, arbeitet sich eine mächtige Tunnelbohrmaschine durch das Gestein

in der Bearbeitung unterirdischer Schichten gut bewandert sind." De Gamonds Ansicht nach ist die Eisenbahn das ideale Fahrzeug für eine zweigleisige, 33 Kilometer lange Tunnelröhre. Die beiden Herrscher sind begeistert, wieder einmal. Doch erneut stehen nationale Vorbehalte einer Realisierung im Weg – obwohl die an Seekrankheit leidende Queen Victoria die Idee positiv beurteilt.

Dessen ungeachtet macht sich nun der englische Ingenieur Sir John Hawkshaw daran, de Gamonds Plan doch noch umzusetzen. Zunächst ermittelt er ab 1865, ob der Untergrund geeignet ist. „Wir bohrten uns durch die Kreide an der französischen Küste und an der englischen Küste. Mittels einer Dampfmaschine und eines geeigneten Apparats untersuchten wir den Boden von einer Seite zur anderen, um die Dicke der Kreide festzustellen und deren Kontinuität über dem Kanal."

Hawkshaw kommt zum Ergebnis, dass es sich letztendlich um ein rein „ingenieurtechnisches Problem" handelt, ein Tunnel also realisierbar wäre. Als Sir Edward William Watkin davon erfährt, Vorsitzender gleich mehrerer Eisenbahngesellschaften, ist er Feuer und Flamme. Vor seinem geistigen Auge entsteht ein Eisenbahnnetz, das bis nach Paris reicht. Natürlich mit ihm als Chef.

Um das Ziel zu erreichen, gründet er 1872 die französisch-britische Submarine Railway Company und sichert sich die Baugenehmigung. Watkin findet Partner und Geldgeber. Außerdem befasst er sich penibel mit der Streckenführung. Nichts überlässt er dem Zufall. Sogar Versuchsstollen lässt er 1881 graben, 1800 Meter auf französischer, 1400 auf englischer Seite, jeweils unter dem Meeresgrund.

15 000 Arbeiter waren beim Bau des Eurotunnels beschäftigt. Er besteht aus zwei eingleisigen Hauptröhren und einem Servicetunnel

Auch die deutsche Presse berichtet immer wieder über die Fortschritte an den Baustellen. So meldet etwa das „Centralblatt der Bauverwaltung“ am 18. März 1882 sehr detailreich: „Die Bohrarbeit erfolgt durch Beaumont'sche, mit comprimirter Luft betriebene Bohrmaschinen, die Förderung der Sprengmassen mit Beaumont'schen Luftlocomotiven.“ Das Vorhaben, so wird dem Leser vermittelt, scheint realisierbar zu sein.

Doch Watkin hat die Rechnung ohne Lord Garnet Joseph Wolseley gemacht, den Oberbefehlshaber der britischen Armee. Mit beschwörenden Worten gelingt es ihm, das Parlament davon zu überzeugen, die Bauarbeiten einstellen zu lassen – aus Gründen der nationalen Sicherheit. Wolseley betrachtet den Tunnel als Einladung der Franzosen zu einer Invasion Englands.

Somit ist erst einmal Schluss mit den Kanaltunnelprojekten. Wer immer nun einen Plan vorlegt, wird von der britischen Armee ausgebremst. Engländer und Franzosen müssen darüber hinaus in den nächsten Dekaden feststellen, dass ihre Feindbilder völlig verzerrt sind und der tatsächliche Gegner Deutschland heißt. Erst nach Ende des Zweiten Weltkriegs greifen Engländer und Franzosen die Idee wieder auf. Die umfassend veränderte Weltlage lässt die Briten 1955 zu dem Schluss kommen, dass ein Kanaltunnel militärisch irrelevant geworden ist.

Neuen Projekten steht in dieser Hinsicht also nichts mehr im Weg. Zwei Jahre später rufen Engländer und Franzosen eine Arbeitsgruppe ins Leben, die sich mit der Planung befassen soll. Die Meinungen gehen weit auseinander, sogar eine Brücke als Tunnelalternative wird diskutiert. Erst 1963 einigt man sich auf einen Eisen-

Vertragsunterzeichnung 1986: François Mitterrand (2. v. l.) und Margaret Thatcher

bahntunnel mit zwei Röhren und einem Servicetunnel.

Doch das Projekt verzögert sich. Diesmal sind es nicht die Militärs, sondern die Finanzen und die noch zu beseitigenden Kriegsschäden. Erst zehn Jahre später, also 1973, sind die Pläne endgültig fertig und das Projekt finanziert. Und wieder einmal treffen sich die verantwortlichen Politiker beider Seiten. Diesmal sind es Premierminister Edward Heath und Präsident Georges Pompidou. Zügig beginnen die Bohrungen, um den geeigneten Streckenverlauf zu finden.

Es sieht also wirklich gut aus – wäre da nicht die Ölkrise und die vermutete Kostenexplosion. Als im März 1974 Labour-Chef Harold Wilson die Wahlen gewinnt und zum zweiten Mal Premierminister wird, streicht er das Tunnelprojekt. Zuvor kommt es zu einer heftigen Debatte im Unterhaus, bei der Wilson seinen Umweltstaatssekretär Anthony Crosland erklären lässt: „Außerdem waren, wie ich dem Hohen Haus am 26. November sagte, die geschätzten Kosten für die geplante Hochgeschwindigkeitseisenbahnverbindung derart gestiegen, dass die Regierung sich außerstande fühlte, damit fortzufahren. Dementsprechend habe ich unseren Partnern, der französischen Regierung und den beiden Kanaltunnelunternehmen, vorgeschlagen, den gesamten Fahrplan zu verschieben, um eine gründliche Prüfung alternativer, kostengünstigerer Optionen zu ermöglichen."

Nach dem Falklandkrieg 1982 richtet sich der Blick der Regierung von Margaret Thatcher wieder nach vorn. Der Eisernen Lady gefällt das Tunnelprojekt, vorausgesetzt, der Staat hält sich aus der Finanzierung heraus.

Großbritannien und Frankreich verhandeln erneut und einigen sich schließlich auf die von Heath und Pompidou vereinbarte Lösung, kleine Änderungen eingeschlossen. Es kommt zu einem Treffen von Thatcher und Frankreichs Präsident François Mitterrand. Bei der Vertragsunterzeichnung 1986 betont Thatcher erneut die private Finanzierung: „Jetzt müssen sie zeigen, dass eine Gruppe des privaten Sektors Pläne auf dem Papier in ein tragfähiges kommerzielles Unternehmen umwandeln kann und ihre finanziellen Argumente gegenüber den Bankern und Investoren überzeugend demonstrieren. Ich bin zuversichtlich, dass sie Erfolg haben werden."

Es ist das letzte Treffen dieser Art, denn der Coup gelingt. Rund sieben Milliarden Euro investieren verschiedene Banken, für weitere 1,28 Milliarden sorgt der Börsengang der neu gegründeten Eurotunnel-Gesellschaft. Bereits ein Jahr später, im Dezember 1987, beginnen die Bauarbeiten. Dank der vielen Studien und Vorarbeiten geht es nun recht schnell.

Der Kalkstein ist massiv und hält dem Druck mühelos stand. Die Röhre liegt an einigen Stellen nur 40 Meter unter dem Meeresboden. Zum Einsatz kommen auf jeder Seite drei Tunnelbohrmaschinen, wobei die englischen in einer eigens angelegten Seitenröhre verbleiben. Sie sind also noch immer dort. Die französischen Maschinen übernehmen den Durchstich, der am 1. Dezember 1990 gelingt.

Beim Bau sind mehr als 15 000 Arbeiter beschäftigt, von denen elf infolge von Unfällen ihr Leben verlieren. Die beiden eingleisigen Haupttunnel haben einen Durchmesser von 7,8, der Servicetunnel einen Durchmesser von 4,8 Metern. Die beiden Hauptröhren sind 30 Meter voneinander entfernt. Mit einer Länge von 37 Kilometern unter Wasser ist er der längste Unterwassertunnel der Welt. Die Gesamtlänge beträgt 50 Kilometer. Im Fall eines Unglücks soll es möglich sein, innerhalb von 90 Minuten alle Passagiere aus dem Tunnel zu bringen. Der Beweis musste zum Glück noch nie erbracht werden.

Die feierliche Eröffnung findet am 6. Mai 1994 statt. Auf britischer Seite erscheint Queen Elizabeth II., auf französischer der immer noch amtierende Mitterrand. Mitinitiatorin und -unterzeichnerin Thatcher wurde bereits 1990 abgewählt. Ihr privatwirtschaftliches Konzept bewährte sich nicht – mit 15 Milliarden Euro wurde der Bau des Eurotunnels in etwa doppelt so teuer wie geplant. Für die Aktionäre bedeutete die Beteiligung ein Minusgeschäft, zumal die Passagierzahlen und das Frachtvolumen hinter den Erwartungen zurückblieben. Inzwischen ist die Nutzungskapazität auf rund 57 Prozent gesunken.

Insofern hat Filmpionier Méliès 1907 gar nicht so falsch gelegen. Zwar kommt es zu keinem Wassereinbruch, jedoch zu einem Einbruch des Börsenkurses. Hoffnung besteht allerdings insofern, weil die Zeit der Billigflieger wohl vorbei sein dürfte. Eine wieder zunehmende Nutzung des Tunnels ist also durchaus möglich.

Mit Tunneln kennt sich Bernd Flessner, Jahrgang 1957, Autor in Erlangen, gut aus. Im mare-Sonderheft „Hamburg" schrieb er bereits über den Alten Elbtunnel, ein anderes Juwel der Technikgeschichte.

Emotional berührt

mare No. 153, Titel „Der Sommer der Popgiganten“

Herzlichen Dank für diese Ausgabe. Einen besseren Zeitpunkt für die Veröffentlichung hätte es nicht geben können: Die Songs von Leonard Cohen gehören zu den Erinnerungen, die man immer im Ohr hat. Joni Mitchells Auftritt im Juli beim Newport Folk Festival nach 50 Jahren kann man sich im Internet mehrmals ansehen und anhören, man ist emotional berührt und wünscht sich mehr. Im vergangenen Juli war ich inmitten von 60 000 Fans im Stadion in Gelsenkirchen und habe (in den letzten 50 Jahren zum achten Mal) die Stones auf ihrer hoffentlich nicht letzten Tournee erlebt – ein nachhaltiges und unvergessliches Konzert. Insofern passte alles, und ich habe mich sehr gefreut über dieses Heft – und darüber, dass ich seit Nummer 1 zu den begeisterten Abonnenten gehöre und endlich einmal Lob und Anerkennung aussprechen kann.

Karl-Heinz Martinß, Neuenburg

Interessante Punkte

mare No. 155, „Punkt, Punkt, Pinsel, Strich“

Zu Ihrem sehr guten Artikel über den Pointillisten Henri Cross ein Nachtrag: Sehenswert ist der illustrierte Spazierweg in Saint-Clair „Le chemin des peintres“ zu den Orten, an denen Cross und andere ihre Werke geschaffen haben. Ebenso die Villa „Théo“ in Saint-Clair, das frühere Wohnhaus von Théo van Rysselberghe, mit wechselnden Ausstellungen. Besonders interessant für alle am Pointillismus Interessierten ist das Musée de l'Annonciade in Saint-Tropez mit seiner Vielzahl von Werken von Paul Signac, Cross und allen, die dort in der Gegend gelebt und den Pointilismus mit erschaffen haben.

Dieter Geller, per E-Mail

Mit Überraschung

mare No. 155, „Eine Frau von Stand“

Als Berliner habe ich mich sehr gefreut, Ihren Artikel über den Fish Klub in der Markthalle Neun zu lesen. Mit Überraschung habe ich dann allerdings erfahren, dass der Fish Klub bereits Ende Oktober aufgrund gestiegener Kosten geschlossen wurde.

Axel Liebscher, Berlin

Tatsächlich musste der Fish Klub in Markthalle Neun nach Auskunft der Betreiberin Margaux Friocourt wegen drastisch gestiegener Energiekosten kurzfristig schließen. Das Unternehmen ist aber weiterhin tätig. Wir empfehlen daher, sich bei den Auftritten des Fish Klub in den sozialen Medien und auf seiner Website (www.fishklubberlin.com) über die Aktivität zu informieren.

Die Red.

Wir freuen uns über Ihre Briefe, müssen uns aber Kürzungen vorbehalten.

mare Leserbriefe, Pickhuben 2, 20457 Hamburg, mare@mare.de

Mein Hooge, *26.*

Unser Kolumnist reiste als Jugendlicher achtmal nach Hooge. Jetzt, nach 30 Jahren, erkundet er die Hallig erneut, als Erwachsener, als Stadtmensch, mit tausend Fragen im Gepäck. Diesmal macht er sich Gedanken um Flüchtlinge

Von Jan Keith

Montags plagt mich immer ein schlechtes Gewissen. Das liegt daran, dass ich jeden Montag meine Tochter zum Reitunterricht bringe und dabei an einer Hamburger Flüchtlingsunterkunft vorbeifahre.

Im zähen Berufsverkehr sitze ich also am Steuer und sehe sie dann, durch die gardinenlosen Fenster ihrer Containerbehausungen, all die Menschen aus Syrien, Afghanistan, dem Irak, Eritrea oder der Ukraine. Eine umzäunte Minisiedlung, gelegen an einer sechsspurigen Hauptstraße mit Blick auf McDonald's. Schamerfüllt denke ich jedes Mal: Können wir diese armen Menschen nicht würdiger unterbringen? An einem Ort, der nicht nach Pommes und Abgasen riecht? Einem Ort, der Balsam für die Seele ist, und nicht eine depressionsfördernde Aufbewahrungsanstalt. Vielleicht einem mit Blick auf Wiesen, Schafe und das Meer?

Einem Ort wie Hallig Hooge.

Tatsächlich bin ich nicht der Erste mit dieser Idee. Bereits 1945 nahm Hallig Hooge Flüchtlinge auf, Vertriebene aus Ostpreußen und Pommern, die es am Ende des Zweiten Weltkriegs irgendwie bis dorthin geschafft hatten. Man brachte sie bei Hooger Familien unter oder in irgendwelchen Zimmern, die gerade nicht genutzt wurden. Laut offizieller Statistik lebten 1946 206 Menschen auf Hooge, darunter 35 Flüchtlinge.

Doch bei aller Gastfreundschaft – die Hooger waren selbst bitterarm und geplagt von den Entbehrungen des Kriegs. Da lagen, das lassen alte Schriftstücke vermuten, die Nerven zwischen Hoogern und Flüchtlingen schon mal blank. Fakt ist jedenfalls, dass es nur vier der 35 Flüchtlinge dauerhaft auf Hooge aushielten – darunter ein alter Mann namens Ernst Lohse, Jahrgang 1880.

Seine Geschichte hat mich besonders bewegt. In Pommern hatte er ein Fuhrgeschäft besessen, nun aber, auf Hooge, besaß er nichts mehr. Er wohnte in einem winzigen Zimmer, das durch ein Holzbrett geteilt war. Auf der einen Seite schlief er, auf der anderen seine Kuh, sein einziger Besitz. Von ihr ernährte er sich. Weil er auf Hooge kein Land besaß, durfte er seine Kuh nur an den Wegesrändern grasen lassen.

„Auf Hooge war Ernst Lohse nicht zu übersehen", erinnert sich Hans Joachim Kühn, der Ende der 1950er-, Anfang der 1960er-Jahre Teenager auf Hooge war. „Die meiste Zeit des Tages war er mit seiner Kuh auf Wanderschaft. Immer allein." Nie bekam er Besuch. Niemand freundete sich mit ihm an. „Wir Hooger Jugendlichen hatten Mitleid und besuchten ihn einmal im Jahr, an seinem Geburtstag. Er weinte jedes Mal. Vor Einsamkeit."

Eine gelungene Integration von Flüchtlingen sieht wahrlich anders aus.

Und dennoch versuchten es die Hooger noch einmal, Jahrzehnte später. Motiviert von Angela Merkels „Wir schaffen das", nahmen die Hooger im Dezember 2015 eine sechsköpfige afghanische Familie auf, Mutter, Vater, vier kleine Kinder, eine Initiative des damaligen Hooger Bürgermeisters Matthias Piepgras. Es waren die einzigen Flüchtlinge auf Hooge. Man quartierte sie in eine möblierte 90-Quadratmeter-Wohnung auf der Hanswarft ein, mit Blick auf Wiesen, Schafe und die Nordsee. Ein Traum.

Aber nicht für die afghanische Familie. Noch am Tag ihrer Ankunft ließ der Familienvater, ein Taxifahrer aus der Provinz Lugar südlich von Kabul, die Hooger Betreuer wissen, dass er diesen Ort auf der Stelle wieder verlassen wolle. Das Meer mache ihm und seiner Familie Angst, sie seien schließlich mit einem Schlauchboot übers Mittelmeer geflüchtet und dabei zweimal gekentert.

Das hatten die Behörden nicht bedacht. Die Hooger bemühten sich in der Folgezeit zwar redlich; sie besorgten den Kindern Plätze im Kindergarten und der Halligschule, gaben den Eltern ehrenamtlich Deutschunterricht und luden sie zu Festen und Kaffeekränzchen ein. Doch es nützte nichts. Familie Faizi wollte einfach nur weg. Weg vom Meer. Weg von diesem einsamen Flecken Erde, wo niemand ihre Sprache spricht. Wo es keine Landsleute gibt.

Anfang 2021 erreichten die Faizis endlich ihr Ziel, Hooge zu verlassen: Sie zogen aufs Festland.

Und ich? Ich werde mich bemühen, künftig montags nicht mehr auf so dumme Ideen zu kommen.

Illustration: Orlando Hoetzel

Tove Jansson

Im Reich der leisen Rebellin

Die finnische Künstlerin hat nicht nur für ihre berühmten Mumins eine Gegenwelt erschaffen, sie lebte auch selbst fern aller Konventionen

Von Gero Günther

Linke Seite **Tove Jansson, Selbstporträt, 1975.** *Rechts* **Illustration aus „Komet im Mumintal", 1946**

Oben **Tove Jansson in ihrem Atelier in Helsinki, um 1948.** *Rechte Seite* **Die Künstlerin 1956 mit Figuren ihrer Mumins. Der Ruhm, den diese ihr bescherten, war auch eine Belastung und ließ sie auf immer einsamere Inseln entfliehen**

„Das ist komisch bei mir", sagte Sophia.
„Ich finde, dass schönes Wetter
langweilig wird."
„Findest du?", sagte ihre Großmutter.
„Dann bist du genau wie dein Großvater,
der mochte auch Stürme."
Tove Jannsson,
Das Sommerbuch, 1972

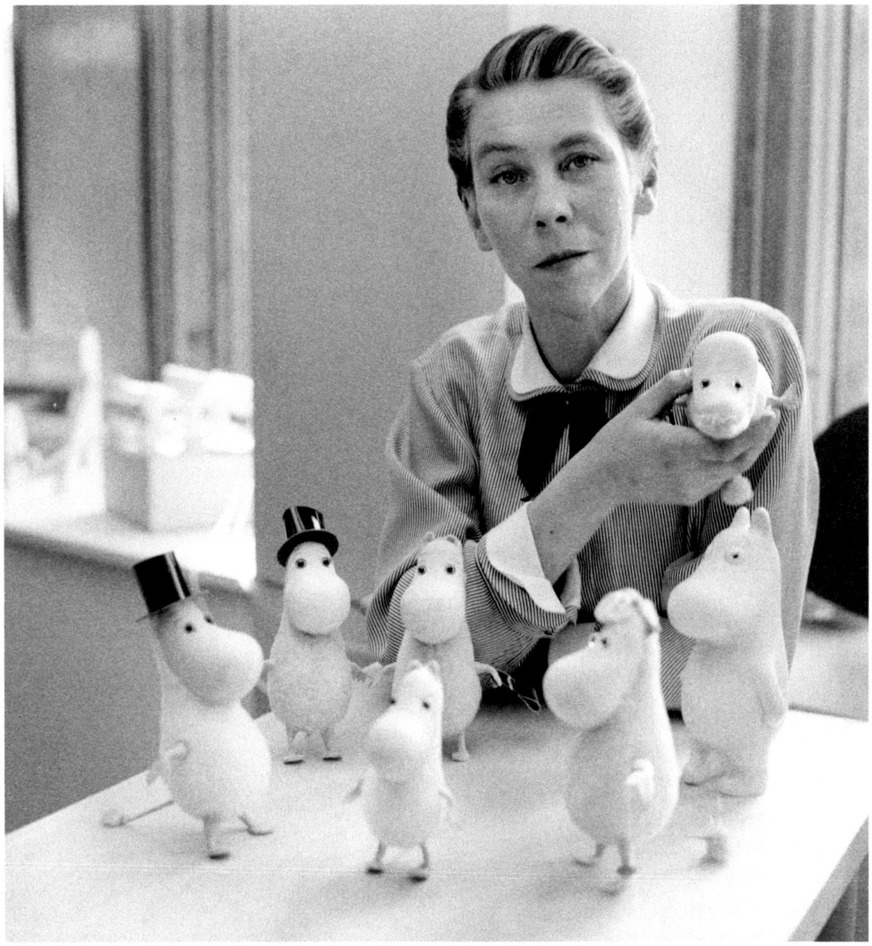

ZEIT IHRES LEBENS BEGEISTERTE sich Tove Jansson für die Gewalt der Natur. Stürme tauchen oft in den Zeichnungen und Erzählungen der finnischen Künstlerin und Schriftstellerin auf, Zeitungsausschnitte von gigantischen Wellen und kenternden Schiffen zierten die Badezimmertür ihres Ateliers. „Stürme hatten eine beruhigende Wirkung auf sie", so Janssons Nichte Sophia. „Sie konnte dann loslassen und entspannen, weil Stürme eben mächtiger sind als Menschen." In einem von Janssons Kinderbüchern sagt eine Figur, nachdem ihr Haus von einem Tornado weggefegt wurde: „Jetzt werde ich nie wieder Angst haben. Jetzt bin ich frei. Jetzt kann ich alles tun."

Faszinierend ist Janssons Begeisterung für das Berserkerhafte des Meeres besonders angesichts der Gelassenheit und Zärtlichkeit, die weite Teile ihres Werks ausstrahlen. Aber das ist eben nur ein Teil der Wahrheit. Im Vorwort zur Geschichtensammlung „A Winter Book" schreibt die schottische Autorin Ali Smith: „Jansson war auf ihre leise Art sowohl formal als auch inhaltlich wirklich radikal." Leise und radikal war auch Janssons Lebensstil. Zu einer Zeit, als Homosexualität in Finnland noch verboten war, ging die Künstlerin offen Beziehungen zu Männern und Frauen ein und erschien zu Preisverleihungen stets in Begleitung ihrer Partnerin Tuulikki Pietilä.

Ihre Freiräume fand Tove Jansson auf den Schäreninseln im Bottnischen Meerbusen; als „Halbinsulanerin" bezeichnet die Kunstgeschichtlerin Tuula Karjalainen sie in ihrer Biografie. Schon als Kind verbrachte die 1914 geborene Tochter einer schwedischen Grafikerin und eines finnlandschwedischen Bildhauers ihre Sommer auf dem Pellinge-Archipel im Süden Finnlands. Das Inseldasein war ein einfaches, barfüßiges Leben ohne Straßen und Strom, ein Mikrokosmos mit wenigen Akteuren. Familie, Freunde, Steine, Moose und Vögel spielten die zentralen Rollen, die Kinder kletterten auf Felsen und ließen sich von den Wellen wegspülen. Nachlesen kann man die Erlebnisse der jungen Tove im ersten ihrer Bücher, das sie ausdrücklich für Erwachsene geschrieben hat. Es handelt von einem Mädchen, durch dessen Augen man die Welt so erleben kann, wie das sonst Kinder tun, und ist ein schmales, aber magisches Werk.

Für die schwedischen und finnischen Leser stellte „Die Tochter des Bildhauers" 1968 bei Erscheinen eine große Überraschung dar. Jansson war damals zwar bereits eine Berühmtheit, aber ihr weltweiter Ruhm gründete auf einer Reihe von Kinderbüchern, deren drollige Protagonisten, die Mumins, heute finnische Nationalhelden sind. Jeder kennt die Muminmama, den Schnupferich oder Klein Mü. In ihrer Heimat war Jansson in den 1930ern als Zeichnerin, Malerin und Karikaturistin bekannt geworden. Später schuf sie außerdem monumentale Gemälde für öffentliche Gebäude, Kantinen, Kindergärten. Aber als „ernsthafte" Literatin war das Multitalent bis zu ihrem 54. Lebensjahr nicht in Erscheinung getreten.

Janssons Kinder- und Erwachsenenbücher haben viele Gemeinsamkeiten, und oft lässt sich gar nicht genau sagen, für welche Zielgruppe die Werke geschrieben sind. Zahlreiche Motive treten in beiden Genres auf: das Meer und die Begeisterung für Stürme natürlich, aber auch die fast offensive Thematisierung des Alterungsprozesses und eine Toleranz gegenüber Außenseitern und Sonderlingen.

Es gehörte zu den Besonderheiten Tove Janssons, dass sie auch ihren jungen Lesern Themen zumutete, die andere geflissentlich ausklammerten. Ihre ulkigen Mumins konnten depressiv und destruktiv sein, sie rauchten und tranken und dachten über große Fragen wie den Tod, Verlassenheit oder persönliche Schuld nach.

Der Ursprung der Mumins, so heißt es, war eine Kritzelei. Als junges Mädchen hatte Tove Jansson sie an die Wand eines Klosetthäuschens gezeichnet. Das Männchen mit der prominenten Nase stellte Immanuel Kant dar. Daneben hatte Jansson geschrieben „Freiheit ist das Beste von allem". Eine ausgeprägte Freiheitsliebe

Oben **Ein Wandgemälde Tove Janssons. Es ist 5,5 Meter breit und 1952 im Auftrag der Stadt Hamina entstanden. Sie hat es im Bus dorthin transportiert.**
Unten **Janssons Haus auf Klovharu, wo sie fast 30 Jahre mit ihrer Partnerin lebte**

und Figuren mit großen Nasen sollten die Markenzeichen der schon als Schülerin künstlerisch aktiven Jansson werden. Ihre fantastischen Wesen baute sie als Art zweite Signatur in viele ihrer Werke ein. Selbst dann noch, als sie bereits in Stockholm und Paris studiert hatte und eine anerkannte Malerin und Grafikerin war.

Janssons junges Künstlerinnenleben wurde bald von den Vorbereitungen zum Winterkrieg 1939 überschattet. Der Zweite Weltkrieg traf Finnland hart. Janssons Bruder und viele ihrer Freunde mussten an die Front, Helsinki wurde mehrfach bombardiert. Im Land herrschten Hunger und Not. Tove Jansson verarbeitete ihren Schmerz und ihre Ängste in einem fantastischen Märchen, das zunächst für mehrere Jahre in der Schublade verschwand. Man kann „Mumins lange Reise“ (1945) und auch den Folgeband „Komet im Mumintal“ (1946) als Kriegsbücher lesen. Das erste Buch der Serie handelte von einer Trollfamilie, deren Heimat von einer gewaltigen Flut zerstört wird. Die Mumins treiben auf dem offenen Meer, von Abenteuer zu Abenteuer. Am Anfang und am Ende des Buchs stehen jedoch der innere Zusammenhalt der Familie und ihr liebevoller Umgang miteinander.

1947 kaufte Tove Jansson zusammen mit ihrem Bruder Lars eine menschenleere Insel. Ursprünglich hatten die beiden nach Tonga auswandern wollen, aber der Inselstaat im Südpazifik nahm nach dem Krieg keine Neubürger auf. In ihrem aus Holzresten zusammengezimmerten Haus auf Bredskär verbrachten die Janssons ganze Monate. Arbeit hatte die Künstlerin mehr als genug. Die Mumins nahmen immer mehr Raum im Leben Janssons ein. Ihre Geschichten erschienen als Comics, als Bilderbücher und Zeichentrickfilme. Es gab Theateraufführungen mit Mumin-Stücken und sogar eine Oper, zu der Jansson das Libretto schrieb. Erst Mitte der 1950er-Jahre kehrte sie zur Malerei zurück, die sie stets als ihre eigentliche Bestimmung betrachtet hatte.

Doch irgendwann wurde es Tove Jansson selbst auf ihrer Privatinsel zu unruhig. Sie war zu berühmt geworden. Immer wieder tauchten Journalisten und Filmteams auf, die die Erfinderin der Mumins sprechen wollten. 1964 erwarb Jansson deshalb mit ihrer Partnerin Tuulikki Pietilä eine Insel, die noch entlegener war als Bredskär. Der Alltag auf Klovharu war minimalistisch. Hier gab es nur Fels und Wasser, struppige Gräser und eine Hütte, die die Frauen mit eigenen Händen errichtet hatten. Trinkwasser musste per Boot angeliefert werden.

Kein Wunder also, dass Inseln in Janssons Büchern eine wichtige Rolle spielen. Die abgegrenzten Orte eigneten sich perfekt als Schauplätze für die Art von Abenteuern, die Tove Jansson in jeder noch so kleinsten Begebenheit zu finden vermochte. Ihren vielleicht schönsten Ausdruck fand ihre Liebe zu den Schären im 1972 erschienenen „Sommerbuch“, heute ein Klassiker der nordischen Literatur. Es beschreibt die Erlebnisse einer Sechsjährigen und ihrer eigenbrötlerischen Großmutter; Jansson hat das Buch ein Jahr nach dem Tod ihrer eigenen Mutter geschrieben. „Gibt es im Himmel Ameisen?“, will Sophia wissen oder „Wann wirst du sterben?“. „Bald“, antwortet die Großmutter, „das geht dich aber überhaupt nichts an.“ In einem Kapitel diskutieren die beiden über Zeltübernachtungen, in einem anderen bewerfen sie einander mit Kuhfladen, und einmal bauen die beiden Venedig in einem Moortümpel nach. Die Großmutter gibt Sophia wichtige Lektionen mit auf den Weg: „Nur Bauern und Feriengäste gehen durchs Moos. Sie wissen nicht, dass Moos das Allerempfindlichste ist, was es gibt, das kann man gar nicht oft genug wiederholen. Wenn man einmal aufs Moos tritt, richtet es sich bei Regen wieder auf, beim zweiten Mal bleibt es liegen. Beim dritten Mal ist das Moos tot. Das ist wie bei den Eiderenten. Wenn sie zum dritten Mal von ihrem Nest aufgeschreckt werden, kehren sie nie mehr zurück.“

Tove Jansson und Tuulikki Pietilä verließen ihre Insel erst 1991 endgültig, nachdem ein Sturm ihr Boot zerstört hatte. Das Paar war inzwischen zusammen um die halbe Welt gereist, hatte in Portugal, Spanien, New York, Hawaii, Mexiko und Japan Station gemacht. Nach Klovharu kehrten sie jedes Jahr zurück, bis das Inselleben der inzwischen 77-Jährigen schließlich zu beschwerlich wurde.

„Im letzten Sommer geschah dann etwas Unverzeihliches“, schreibt Jansson in ihren „Aufzeichnungen von einer Insel“, „ich begann das Meer zu fürchten. Große Wellen waren nicht mehr der Inbegriff von Abenteuer, sondern von Angst und von Sorge um das Boot sowie um alle Boote, die bei schwerer See unterwegs waren. Diese Angst kam mir wie ein Verrat vor – wie mein Verrat.“

Tove Jansson starb 2001 mit 86 Jahren an einem Krebsleiden. Sie gilt in ihrem Heimatland nicht nur als große Künstlerin und Ikone der Frauenbewegung, sondern auch als Vorkämpferin der LGBTQ-Community. Im Tal der Mumins durften nämlich alle ausdrücklich immer so sein, wie es ihnen am besten gefällt.

Gero Günther war schon ein großer Bewunderer, ehe er sich auf den Spuren von Tove Jansson durch Finnland bewegte. Wer es ihm gleichtun will, kann Originale ihrer Wandgemälde übrigens im Sommer im Rathaus der finnischen Stadt Hamina sehen.

Jahresabo

Das Jahresabo kostet im Jahr 67,50 € und ist nach einem Jahr jederzeit kündbar. Sie dürfen sich aus allen bereits erschienenen Heften 3 gratis aussuchen, die Ihnen gleich zugeschickt werden. Die Übersicht finden Sie auf Seite 122/123. Den Bildband und/oder den Kalender können Sie einfach zum Sonderpreis mitabonnieren.

Der **mare**-Kalender

Die ganze vielfältige Schönheit des Meeres – in 12 magischen Bildern gebannt. Format: 82 mal 58 Zentimeter. Im Abonnement zahlen Sie für den Kalender nur 40 € statt 49 €. Alle Monatsmotive finden Sie online unter www.mare.de/mare-shop/kalender.

Geschenkabo

Das Geschenkabo kostet 67,50 € im Jahr. Mit der in diesem Heft beiliegenden Geschenkabo-Karte können Sie mare-Hefte und den Bildband und/oder Kalender auch praktisch verschenken. Ein Dankeschön in Form eines mare-Handtuchs wählen Sie auch gleich auf der Karte.

Der **mare**-Bildband „Lofoten“

von Andrea Gjestvang. Mit einem Text von Dimitri Ladischensky. Format: 30 mal 26 Zentimeter, 132 Seiten. Im Abonnement zahlen Sie für den Bildband nur 49 € statt 58 €.

ANTON TSCHECHOWS REISE AUF DIE GEFÄNGNISINSEL SACHALIN

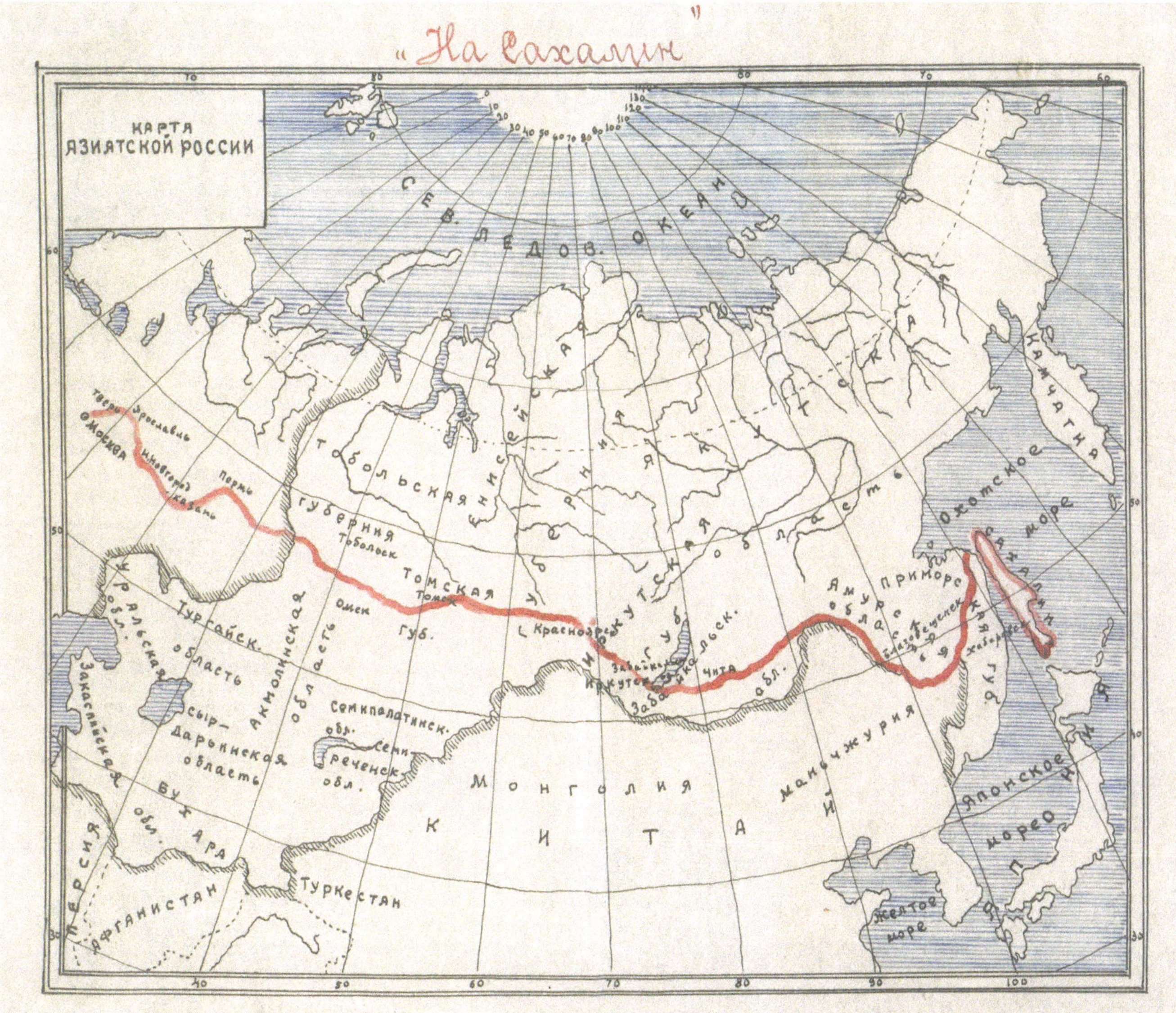

DIE CHRONIK DER MENSCHLICHEN KÄLTE

Von Marko Martin

Vorherige linke Seite **Anton Tschechow mit seinem Hund Melichowo, 1897.** *Vorherige rechte Seite* **Seine Reiseroute.** *Unten* **Anleger des Bergwerks auf Sachalin**

AM 5. JULI 1890 TRAF ICH MIT dem Dampfer in der Stadt Nikolajewsk ein, einem der östlichsten Punkte unserer Heimat. Der Amur ist hier sehr breit, bis zum Meer sind es nur noch siebenundzwanzig Werst." Mit diesen Sätzen beginnt Anton Tschechows Reisebericht „Die Insel Sachalin", der drei Jahre später in einer liberalen Moskauer Monatszeitschrift in Auszügen erschien und 1895 als Buch.

Der voluminöse Text machte im zaristischen Russland sogleich Furore – angefeindet vom reaktionären Establishment, begeistert aufgenommen von der kritischen Öffentlichkeit, die in Tschechows Dokumentation über die Leiden der

Sachalin-Häftlinge eine Weiterschreibung von Dostojewskis drei Jahrzehnte zuvor erschienenen „Aufzeichnungen aus einem Totenhaus" sah, in denen erstmals die Realität der *Katorga* geschildert worden war.

Mit Tschechows mehr als 400-seitiger Reportage wurde die Repression sichtbarer denn je. *Katorga* bedeutete lebenslänglich, die Häftlinge mussten auch nach dem Ende ihrer Strafe in der unwirtlichen Nichtheimat bleiben, die sie, zwangsverpflichtet, zu kultivieren hatten – als Schiffer und Fischer, Bauern oder Bergleute. Nur so konnten Gebiete besiedelt werden, in deren Ödnis sich niemand freiwillig begeben hätte.

Das galt auch für die weit abgelegene Insel Sachalin im Ochotskischen Meer. 950 Kilometer lang und 160 Kilometer breit ist das auf demselben Längengrad wie Japan gelegene karge Eiland. Von 1855 bis 1875 hatten sich Russland und Japan die Herrschaft auf Sachalin geteilt, ehe das Zarenreich – im Ausgleich für die Kurileninseln, die Japan erhielt – das ganze Territorium übernahm. Tschechows Studie über seinen dreimonatigen Aufenthalt war derart eindrucksvoll, dass sogar der berühmte Leo Tolstoi den damals erst 35-jährigen Kollegen auf sein Landgut in Jasnaja Poljana bat, um für seinen Roman „Auferstehung" Informationen über die *Katorga* zu erbitten.

Weshalb ist Tschechows Buch, das ihn nach eigenem Bekunden zu einem neuen, ja wahrhaftigeren Schriftsteller gemacht hatte, in Deutschland beinahe unbekannt geblieben und seit Jahren im Buchhandel vergriffen? Vermisste das Publikum die ironische Leichtigkeit der Tschechowschen Erzählungen, die filigrane Eleganz der Theaterstücke? Dabei sind etwa die berühmten „Drei Schwestern" eine bittere Hommage an die Felsengruppe „Drei Brüder", von der aus Tschechow im August 1890 auf das bleierne Ochotskische Meer geblickt hatte. Hier, am östlichsten Ende des Zarenreichs, wo sich heute wie damals Russen und Japaner um territoriale Hoheit streiten, wuchs in ihm die gleiche düstere Stimmung, mit der die Inselbewohner ihr tristes Dasein beschrieben: „Meer ringsumher – Kummer mittendrin."

Als Tschechow an jenem Julitag 1890 mit dem Dampfer im heruntergekommenen Nikolajewsk anlangt, ist er knapp drei Monate unterwegs – unter Strapazen, die er dezenterweise seinen Lesern nicht mitteilt. Ein Jahr zuvor war sein älterer Bruder an Tuberkulose gestorben, gerade 31 Jahre alt. Auch bei Anton Tschechow, der 1904 mit 44 Jahren sterben würde, zeigten sich die Symptome, sodass es dringlich schien, sich auf den bisherigen literarischen Erfolgen nicht auszuruhen und eine Welt zu entdecken jenseits des Kosmos des russischen Bürgertums.

„Ich habe nicht die Pläne eines Humboldt", schrieb er an seinen Verleger, der die Idee der Sachalinreise äußerst skeptisch aufgenommen hatte. Welche Leser würden sich schon für Häftlinge an der Peripherie des Zarenreichs interessieren? Der Arzt und Schriftsteller Tschechow, dessen Großeltern selbst noch Leibeigene

Das Diensthäuschen im Hafen von Fort Alexandrowsk. Tschechow beschreibt den Hauptort Sachalins als „kleines, ordentliches sibirisches Städtchen"

gewesen waren, aber insistierte: „Sachalin nicht brauchen und uninteressant finden kann nur eine Gesellschaft, die die Menschen nicht zu Tausenden dorthin verbannt." Zur Vorbereitung las er unzählige Reiseberichte, ließ sich mit einem Vorschuss und einem Presseausweis ausstatten, die ihm – zusammen mit einem mündlichen Plazet des Petersburger Chefs der Hauptgefängnisverwaltung – den Tausende Kilometer langen Reiseweg ebneten.

Im April 1890 stieg Tschechow am Moskauer Bahnhof in den Zug, setzte in Jaroslawl seine Reise auf einem Wolgaschiff fort und später auf einem Dampfer, der den Fluss Kama in Richtung Perm befuhr. Hier befand er sich bereits auf der sibirischen Sträflingsroute, mit dem Unterschied, dass die Unglücklichen den endlos scheinenden Weg zu Fuß zurücklegen mussten, während Tschechow auf dem Schiff bald von literarisch interessierten Notabeln umringt war, die etwas über den Zweck der Reise erfahren wollten.

Drückende Hitze und beißende Kälte wechselten sich ab, in Jekaterinburg erlitt er eine Lungenentzündung, auf dem Landweg nach Krasnojarsk brach mehrfach die Achse der Kutsche, sodass durch den Schlamm gewatet werden musste. Die Lage besserte sich erst am Ufer des Baikalsees und auf dem Dampfer, der den riesigen Amur befuhr.

Tschechow, inzwischen wieder einigermaßen hergestellt und doch von gleichbleibend fragiler Gesundheit, schildert in Briefen an die Familie die eigenen Misslichkeiten eher en passant, gibt es doch ungleich Dramatischeres zu berichten. „Auf dem Amurdampfer fuhr ein Häftling in Fußketten mit mir nach Sachalin, er hatte seine Frau erschlagen. Bei ihm befand sich seine Tochter, ein Mädchen von sechs Jahren. Nachts schlief es zusammen mit den Häftlingen und Soldaten."

Im Pazifikhafen Nikolajewsk-na-Amure wurde das Schiff gewechselt, und am frühen Morgen des 11. Juli 1890 erreichte Tschechow schließlich die Insel Sachalin – auf einem Kutter, dem zwei Schleppkähne angehängt waren, voll mit Häftlingen. War es bewundernswert, mit welcher Disziplin der Autor die Reisestrapazen gemeistert hatte, so verblüfft nun die Kaltblütigkeit, die er auf der Insel an den Tag legt, um das Misstrauen der Behörden zu zerstreuen. Umgehend bittet er um ein Treffen mit dem Inselkommandanten, der von der Petersburger Gefängniszentrale nicht über seine Ankunft informiert worden war, kokettiert gekonnt mit seiner literarischen Prominenz und erhält schließlich die Erlaubnis, sich frei auf der Insel bewegen zu dürfen und sowohl die Gefängnisse wie die Zwangssiedlungen zu besuchen. Einzige Einschränkung: kein Kontakt mit „Politischen".

Das Kalkül dahinter erspürt der Menschenkenner Tschechow sofort. Den Schriftsteller über Kriminelle und deren zugegebenermaßen hartes Los schreiben zu lassen würde das Zarenreich gewiss nicht aus den Angeln heben, sondern eher der Leserschaft das beruhigende Gefühl vermitteln, der Staat strafe mit harter, aber gerechter Hand. Tschechow hat jedoch ebenfalls einen Trick in petto: Unter dem Vorwand, eine Volkszählung durchzuführen, ist er mit einem Koffer voller vorgedruckter Karteikarten angereist, die er binnen der nächsten Monate ausfüllen wird. (Auf 20 dieser Karten finden sich übrigens Gespräche mit politischen Häftlingen.)

7447 jener Karteikarten, die Tschechow bei seinen Befragungen in Bauernhäusern, Schenken, Gefängniszellen, Siedlungen und Kaufmannsläden ausfüllte, sind erhalten, ebenso wie die Fotografien, die ein Mitarbeiter der Telegrafenstation in Tschechows Auftrag beisteuerte.

Lesen Sie bitte weiter auf Seite 102

Gefangener auf Sachalin. Im Zarenreich war die *Katorga*, neben der Hinrichtung, die schwerste Strafe. Der Verurteilte verlor alle Bürgerrechte und wurde verbannt

Ganz oben **Baracken der ehemaligen Häftlinge.** *Darunter* **Gefangene in Ketten. Tschechow schrieb vom „gleichmäßigen Klirren der Fesseln" in „tödlicher Stille"**

Gefangene ziehen Baumstämme über die Insel. Tschechow verbrachte drei Monate dort und beschrieb das „äußerste Maß der Erniedrigung des Menschen"

„Die Insel Sachalin" präsentiert die Ergebnisse der gesammelten Erkenntnisse jedoch nicht auf trockene Weise, auch wenn der Chronist so manche Statistik über Wetterunbilden, Bodenbeschaffenheit, Lohnniveau, Lebenserwartung und ärztliche Versorgung hinzufügt und auch die Toten der jeweiligen Ruhr-, Diphtherie-, Pocken- und Typhusepidemien nicht vergisst. Vor allem versammelt der Band dialogreiche Erzählungen über die Häftlinge, deren vorangegangene, zum Teil grauenhafte Gewaltverbrechen weder verschwiegen noch pauschal „der Gesellschaft" angelastet werden. Wohl aber fragt Tschechow, ob der repressive Umgang mit den Gefangenen – er selbst wohnt Auspeitschungen bei und beschreibt die zunehmende seelische Abstumpfung, die er sogar an sich selbst bemerkt – einem Gemeinwesen auf Dauer guttut.

Gefangene, die an ihre Handkarren gekettet sind und selbst nachts nicht von ihren Fesseln befreit werden; weibliche Sträflinge, die „in die Harems der Schreiber und Aufseher" kommen oder unter den zu Bauern gewordenen Exgefangenen versteigert werden; Insassen, die zu fliehen versuchen, jedoch „nicht wissen, wo Norden ist, im Kreis herumirren und dann wieder an die Stelle geraten, von der sie ausgegangen sind". Es ist eine Höllenwelt, die Tschechow beschreibt, ohne sich zu pathosgetränktem Moralisieren verleiten zu lassen. Das Geschehene ist bedrückend genug, und es gibt etwa „an diesem regnerischen, schmutzigen Morgen Augenblicke, in denen es mir schien, dass ich das äußerste Maß der Erniedrigung des Menschen erlebte und dass man nicht mehr weiter gehen" könne.

Die russische Geschichte belegt, dass man sehr wohl weiter gehen kann. Die *Katorga* von Sachalin wurde zwar nach der Veröffentlichung von Tschechows Buch kosmetisch reformiert und nach der Revolution 1917 geschlossen – zeitweilig. Dass 1947 sogar ein Ort auf Sachalin den Namen Tschechow erhielt, war jedoch nichts als stalinistischer Hohn. Denn schon ein Jahr später wurde im Nordteil der Insel ein Gefangenenlager errichtet, das Teil des Gulag-Systems wurde; knapp 16 000 Häftlinge mussten hier bis 1954 Zwangsarbeit in Erdöl verarbeitenden Betrieben leisten. Zur gleichen Zeit existierte in der Inselmitte ein ähnliches Lager mit mehr als 14 000 Inhaftierten.

Erfahren hat die Weltöffentlichkeit von diesen Tatsachen aus Alexander Solschenizyns Jahrhundertwerk „Der Archipel Gulag", das in seiner nicht fiktionalen Prosa auch eine Weiterschreibung von Tschechows Buch ist. Und im Jahr 2000 brach schließlich der 1943 geborene, inzwischen in Berlin lebende ungarische Schriftsteller György Dalos – zu Zeiten der kommunistischen Herrschaft ebenfalls mit Haft bestraft – auf Tschechows Spuren nach Sachalin auf, um dort die beginnende Putin-Zeit zu beschreiben.

Was hatte sich geändert? „Die einzige lebensfähige Reform, den Einbruch der Wärme, erwarten die Menschen auf Sachalin nicht von der kalten Macht der zentralen Regierung, sondern allein vom Wechsel der Jahreszeiten, der sich auf Sachalin gewöhnlich bis Ende April, Anfang Mai hinzieht." Vor allem aber gilt, über die Zeiten und Regimewechsel hinweg, was 1890 Tschechow am Ende seiner Reise resümiert hatte: „Jede Abscheu erregende Tat dringt früher oder später nach draußen." Das mag als Trost wenig sein, doch mehr kann Literatur kaum bewirken.

Marko Martin, geboren 1970, Autor in Berlin, hat die (Wieder-)Lektüre Tschechows noch einmal deutlich gemacht, wie unhysterisch präzise und ohne jeden übersteigerten Lyrismus dieser schreibt und weswegen er ihn Dostojewski immer vorgezogen hat.

»Gewaltig und stimmungsvoll!«
3sat Kulturzeit
über Der Holländer, den ersten Fall
für Kommissar Liewe Cupido
»Ein Wiedersehen mit dem
Holländer wäre eine feine Sache.«
Frankfurter Allgemeine Zeitung
Hier ist der zweite Fall.
MATHIJS DEEN
DER TAUCHER
ROMAN
Übersetzt von Andreas Ecke
mare
320 Seiten,
gebunden mit Schutzumschlag
und Lesebändchen
22 € [D]
ISBN 978-3-86648-701-7
MATHIJS DEEN
DER HOLLÄNDER
ROMAN
mare
272 Seiten,
gebunden mit Schutzumschlag
und Lesebändchen
20 € [D]
ISBN 978-3-86648-674-4
mare

Jonas Dahm, Carl Douglas:
„Geisterschiffe. Eine Reise zu den Wracks der Ostsee“,
aus dem Schwedischen von Lisa Arnold,
Malik, München, 2022,
272 Seiten, 45 Euro

Tobias Friedrich, Linus Geschke:
„Im Reich der Stille. Geheimnisvolle Orte unter Wasser“,
Frederking & Thaler,
München, 2022,
288 Seiten, 118 Euro

In die Tiefen der Geschichte

Versunkene Orte, abgestürzte Flugzeuge, Wracks am Ostseegrund: Zwei Bildbände erkunden die Zeitkapseln menschlicher Katastrophen

IM JAHR 2007 GING DIE SCHLAGZEILE um die Welt: „Vier Leichen an Bord gefunden. Erneut Geisterschiff vor Japan aufgetaucht.“ Einmal mehr der Einbruch des Unheimlichen in unsere Welt. Geisterschiffe sind ein prominentes Thema der Kunst und Populärkultur. Sei es „Der fliegende Holländer“ von Richard Wagner, die „Fluch der Karibik“-Filme oder die Literatur von Sir Arthur Conan Doyle, Edgar Allan Poe oder B. Traven – seit Jahrhunderten erzählt man sich schaurige Geschichten von verschollenen Schiffen.

Der Bildband **„Geisterschiffe“** des Fotografen Jonas Dahm und des Historikers Carl Douglas sucht nach solchen Geschichten auf dem Grund der Ostsee und begibt sich dafür in eine fremde, grünlich-milchig schimmernde Welt, in der fast 100 000 Wracks liegen, deren Erhaltungszustand oft erstaunlich gut ist. Das Buch zeigt Wracks vom 16. Jahrhundert bis zum Zweiten Weltkrieg – „Zeitkapseln“ nennen die Autoren sie. Die Ostsee ist ein Eldorado für Taucher, die auf dem kalten Meeresgrund nach Wracks forschen, wie der Unterwasserfotograf Jonas Dahm einer ist. Die Vielzahl der Wracks, so im Vorwort zu lesen, geht auf den Seehandel und die Auswanderung, aber auch auf militärische Konflikte zurück: Viele der in dem Buch vorgestellten gesunkenen Schiffe wurden bei Seeschlachten versenkt, andere fielen dem Meer und seinen Gefahren durch Stürme und Untiefen zum Opfer.

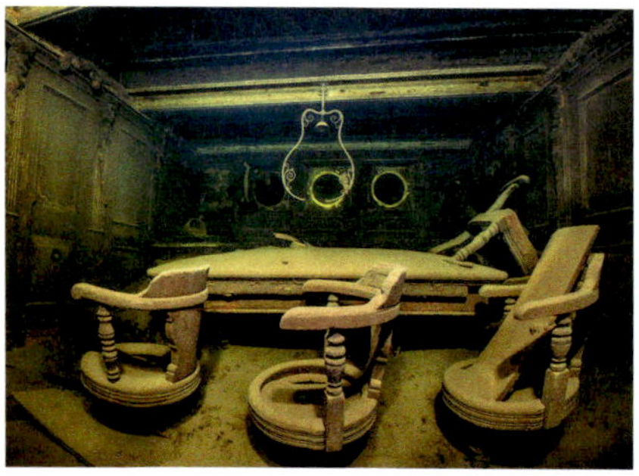

Die Messe der 1916 gesunkenen „Therapia“

Das Heck des deutschen Dampfers „Otto Cords“. Er wurde 1942 von einem Sowjet-U-Boot versenkt

Der gute Erhaltungszustand mancher Wracks hat mit der Kälte des Meers und seinem geringen Salzgehalt zu tun, was dazu führt, dass sich die Schiffsbohrmuschel hier nicht wohlfühlt. Die Holzbohrer und -raspler kommen in der Ostsee kaum vor, und so bleiben die Wracks unversehrt. Die Bildwirkung ist irritierend. Zugleich brutal, morbide und somnambul wirken die von den Taucherlampen illuminierten Schiffe.

Ein Wrack zu finden ist ein Glücksfall. 400-mal ist es den beiden Tauchern bisher gelungen, in Tiefen bis zu 110 Metern. Die Zuordnung und Identifizierung ist schwierig, weil Jonas Dahm und Carl Douglas ihre Prinzipen haben: „Wir öffnen keine Türen und schieben nichts beiseite, um den Mikrokosmos unter Wasser nicht zu stören. Deswegen müssen wir akzeptieren, dass wir manche Fragen mit den Mitteln, die uns zur Verfügung stehen, nicht beantworten können.“

Neben den Fotografien beinhaltet der Band ausführliche Beschreibungen der verschiedenen gezeigten Wracks und ist auch ein Dokument einer besonderen Freundschaft. 23 Jahre tauchen Carl Douglas und Jonas Dahm bereits zusammen von ihrem Tauchschiff „Triad“ aus, bei dem sie sich im Nachwort freundlichst bedanken. „Du hast uns aufs Meer hinausgetragen und uns beschützt. Du hast Wache gehalten, während wir unter Wasser waren, und du hast uns aufgenommen, wenn wir müde und glücklich wieder auftauchten […] Du hast uns Glück gebracht.“

Wer sich für das Thema interessiert, dem sei noch ein weiterer morbider XXL-

Oben **Die „Sea Trader“ dient heute als künstliches Riff.** *Unten* **Im Wrack der „Chrisoula K“**

Band ans Herz gelegt, **„Im Reich der Stille“** von Reisejournalist Linus Geschke und Unterwasserfotograf Tobias Friedrich. Er zeigt geheimnisvolle Orte unter Wasser, Friedhöfe, abgestürzte Flugzeuge, Schiffswracks und versunkene Siedlungen, fotografiert rund um den ganzen Erdball vom Eismeer bis zur Südsee, vom Roten Meer bis in die Karibik. Und er erzählt deren Geschichten nicht, ohne sich der Besonderheit der fotografierten Objekte bewusst zu sein, wie Fotograf Friedrich schreibt: „In nicht wenigen dieser Wracks sind Menschen gestorben, einige sind sogar Kriegsgräber, und so ist der Respekt bei diesen Tauchgängen der ständige Begleiter des Fotografen. Nur wer weiß, was zu dem Untergang geführt hat, kann ein Wrack entsprechend in Szene setzen und dessen oftmals tragische Geschichte für die Nachwelt bewahren.“

Marc Peschke

Stefan Ineichen:
„Principessa Mafalda. Biografie eines Transatlantikdampfers“,
Wagenbach, Berlin, 2022, 256 Seiten, 34 Euro

Zu Wasser und zu Land

Der Schweizer Autor Stefan Ineichen verknüpft gekonnt die Geschicke Italiens mit der vielschichtigen Biografie eines Transatlantikdampfers

DIE GESCHICHTE ITALIENS BIS ZUM Ende des Zweiten Weltkriegs veranschaulicht Stefan Ineichen anhand der Schicksale einer Reihe illustrer und weniger betuchter Passagiere des einst stolzen Passagierschiffs „Principessa Mafalda“. Es wurde nach der damals fünfjährigen Tochter des Königs Vittorio Emanuele III. benannt.

Der Zweischornsteindampfer war mit allen technischen Finessen und für die oberen Klassen mit allem Luxus der Zeit ausgestattet und verkehrte zeitweilig mit 16 Tagen Fahrtzeit als schnellstes Schiff auf der Strecke Genua–Buenos Aires. Vom Stapellauf 1908 bis zum Schiffbruch rund 20 Jahre später – beziehungsweise von der Staatsgründung 1861 bis zum Untergang der italienischen Monarchie Ende des Zweiten Weltkriegs – werden Kultur- und Kolonialgeschichte Italiens anschaulich parallel geführt. Auch eindrucksvolle Details der Sozialgeschichte stehen für Problematiken, mit denen das Land bis heute zu kämpfen hat: soziale Konflikte, das Gefälle zwischen Norden und Süden, der Hintergrund für die Massenauswanderungen nach Argentinien – man begreift nach der Lektüre das Land besser.

Der Autor erzählt etwa die Geschichte von Guglielmo Marconi, dem Erfinder des Seefunks, der von der „Mafalda“ aus Kastendrachen in mehr als 1800 Meter Höhe steigen ließ. Er wollte erproben, wie lange Funksignale zwischen Europa und Südamerika empfangen werden können. Die Erfindung war bahnbrechend für die Rettung von Schiffbrüchigen auf hoher See. Marconis Ruhm mehrte den Nationalstolz des jungen Staats, allerdings unterstützte er später den Faschismus. 1911 reist der päpstliche Gesandte Pater Genocchi mit der „Mafalda“ nach Südamerika zur Untersuchung der mörderischen Arbeitsbedingungen in den Kautschukfabriken. Hier kamen viele indigene Arbeiter durch Zwangsarbeit um – das Kapitel wirft ein Schlaglicht auf die verbrecherischen Großgrundbesitzer in Brasilien, Peru oder Patagonien. Kautschuk diente unter anderem als Bodenbelag, zum Beispiel im Wintergarten der „Mafalda“. Fürchterliches geschah auch beim Schwefelabbau in Sizilien. Hier wurden Kinder von armen Eltern an Fabrikbesitzer als Lastenträger verkauft und schufteten ohne Kleidung zwölf Stunden am Tag. Ein Ende gesetzt wurde dem erst durch ein neues, in den USA entwickeltes Verfahren, das Schwefel mit Pumpen förderte.

Auch staatliche Eingriffe in die Lebensbedingungen auf dem Luxusschiff werden geschildert. Zwei Jahre nach Stapellauf erließ das Ministerium für auswärtige Angelegenheiten Vorschriften für die Mindestverpflegung der dritten Klasse, nach nord- und süditalienischen Ernährungsgewohnheiten aufgeteilt. Nur noch zwei Betten durften in den Schlafsälen übereinandergestapelt werden, Mindestgröße und Material wurden ebenfalls festgelegt. Die erste und zweite Klasse hingegen wurde während der gesamten Laufzeit der „Mafalda“ bestens unterhalten und von Köchen eines Luxushotels verköstigt.

Beim Schiffbruch 1927 allerdings, den Ineichen spannend wie einen Krimi schildert, verhielt es sich dann umgekehrt: Der prozentuale Anteil der Toten war in der abgeschirmten Luxusklasse fast doppelt so hoch wie der in der dritten Klasse.

Andrea Gnam

Catherine Meurisse:
„Nami und das Meer“,
aus dem Französischen
von Ulrich Pröfrock,
Carlsen, Hamburg, 2022,
128 Seiten, 22 Euro

Eigenheiten eines Inselstaats

Die französische Zeichnerin Catherine Meurisse reist nach Japan und verarbeitet voller Selbstironie die Begegnung mit der fremden Kultur

DIE ZEICHNERIN CATHERINE MEURISSE wurde hierzulande 2016 mit „Die Leichtigkeit“ bekannt. Als Redaktionsmitglied der Satirezeitschrift „Charlie Hebdo“ entging sie damals durch einen Zufall knapp dem Anschlag und versuchte später, das Drama durch eine Italienreise und ebenjene daraus entstandene Graphic Novel zu verarbeiten. Nun begibt sich die Zeichnerin wieder auf eine Reise. Diesmal nach Japan, wo sie als „Artist in Residence“ in der Villa Kujoyama in Kyoto weilte. Ihr neues Werk lehnt sich dabei frei an den Künstlerroman „Kusamakura“ („Das Graskissen-Buch“) des Autors Natsume Sōseki an, der im frühen 20. Jahrhundert zu den berühmtesten japanischen Schriftstellern gehörte.

Damit Meurisse auf ihren Streifzügen durch das Land keine Selbstgespräche führen muss, um den Leser an ihren Gedanken teilhaben zu lassen, bedient sie sich des charmanten Tricks, einem sprechenden Tanuki zu begegnen, einem Marderhund, der in Japans Mythologie eine große Rolle spielt und der sie unter anderem in die Grundkenntnisse japanischer Kalligrafie einführt. Natürlich trifft die Künstlerin auch auf menschliche Bewohner. Unter anderen begegnet sie einem malenden Poeten, der ihr neue Horizonte eröffnet. Oft verlässt Meurisse unterwegs den erzählerischen Moment des Comics und wird selbst zur Malerin, legt großzügige Landschaftspanels mit aquarellierten Federzeichnungen an und lässt den Betrachter in die japanische Natur und die japanische Kunst eintauchen.

Kulturelle Anspielungen aus Ost und West wechseln sich mit profanen Alltagserfahrungen ab, wie etwa den Tsunamialarmknöpfen auf Toiletten, denn das Meer ist in dem Inselstaat omnipräsent. Was auch Tsunamimauern und Zeremonien zur Besänftigung der Göttin Benten, der Hüterin des Ozeans, belegen, sowie die allgegenwärtige „Große Welle vor Kanagawa“, das bekannte Bild des Malers Katsushika Hokusai, das eine Souvenirverkäuferin, vermutlich zu Recht, als „Japans Mona Lisa“ bezeichnet.

So setzt sich die Künstlerin mit den Klischees und Legenden Japans auseinander, entdeckt Parallelen zur französischen Heimat, erlebt eine andauernde „vertraute Fremdheit“, versucht Glaube, Philosophie und Alltagsdenken der japanischen Lebensart zu verstehen und scheitert selbstironisch mit viel Freude und bisweilen anarchischem Humor daran.

Selbstbild der Autorin in „Nami und das Meer“

Andreas Eikenroth

Boris Friedewald:
„Pauls Reise zu den Fischen“,
Hatje Cantz, Berlin,
2022, 64 Seiten,
26 Euro

1000 Farben Blau

Eine Fantasiereise, angereichert mit Meeresbildern von Paul Klee

„,SEHT IHR DAS MEER?‘, FRAGTE DER Großvater. ‚Ich sehe viel Blau, helles Blau und dunkles Blau‘, sagte Paul. ‚Ich sehe auch zartes und kräftiges Grün, und dort ist sogar etwas Rosa, und da sieht man das Weiß der Wellen‘, bemerkte Lily …“

Diese Passage ist programmatisch für die farbintensive Fantasiereise, die Boris Friedewald in diesem liebevollen Band unternimmt. Die Geschichte von Paul, Lily und ihren Großeltern, die von einem Kapitän auf ein Schiff eingeladen werden, orientiert sich an den Meeresbildern von Paul Klee. Der Maler seinerseits war ein Liebhaber des Meers, er besaß ein großes Aquarium in seinem Atelier. Diese Leidenschaft inspirierte ihn zu unzähligen Werken, die sich mit unterschiedlichen Aspekten der Unterwasserwelt beschäftigen.

Friedewald schafft es mit seinem Text, eine imaginäre Zeitgenossenschaft zwischen ihm und Klee herzustellen, denn auch wenn die Geschichte entlang der Bilder erzählt ist, könnten sie ebensogut eine nachträgliche Illustration dazu darstellen. Der Text erzählt auch eine Art Synästhesieerfahrung. Dass man das Meer schmecken kann und Farben weit mehr sein können als visuelle Eindrücke, kommt in der Erzählung schön zum Ausdruck. Die Natur mit ihren Bäumen, Steinen, dem brausenden Wind und natürlich vor allem dem Wasser erscheint in Friedewalds Geschichte als eigene Protagonistin. Sie interagiert mit den Menschen, die sie als zugewandte Freundin verstehen und somit nicht einmal mit einem plötzlich auftauchenden Meeresungeheuer ein Problem bekommen.

Carsten Tergast

Thilo Krapp, Jules Verne:
„20.000 Meilen unter dem Meer“,
Carlsen, Hamburg, 2022,
256 Seiten, 26 Euro

Die „Nautilus“ in frischen Farben

Werkgetreu, aber nicht zu düster: Jules Vernes Klassiker „20.000 Meilen unter dem Meer“ als liebevoll gestaltete Graphic Novel

ZUM KANON DER MARITIMEN LITEratur gehört neben „Moby-Dick“ und der „Schatzinsel“ auch „20.000 Meilen unter dem Meer“. Werke wie diese werden immer wieder in alle möglichen Formen transformiert, vom Film über die Oper bis hin zur Graphic Novel. Zeichner Thilo Krapp, der zuletzt H. G. Wells' „Krieg der Welten“ adaptierte, hat sich nun Jules Vernes Longseller zugewandt.

Eine kurze Erinnerungsauffrischung: Wegen mysteriöser Angriffe auf Schiffe in den Weltmeeren begibt sich Professor Aronnax auf Erkundungsexpedition mit seinem Diener Conseil und dem Harpunier Ned Land. Sie versuchen herauszufinden, ob ein Ungeheuer hinter den Angriffen steckt. Bald entdecken sie als Ursache aber ein U-Boot namens „Nautilus“, das unter dem Kommando des so ominösen wie genialen Kapitäns Nemo steht. Als Geisel an Bord erlebt das Trio die erstaunlichsten Abenteuer, vom Spaziergang durch Atlantis bis zum Kampf mit einem Riesenkraken. Nachdem Nemo ein Kriegsschiff versenken ließ, gerät das U-Boot in den norwegischen Mahlstrom, die Helden verlieren das Bewusstsein und finden sich in einer Hütte auf den Lofoten wieder. Ob die „Nautilus“ noch existiert, bleibt offen.

Krapp bleibt mit seiner Adaption ganz nah an der Geschichte, lässt aber durch seine lichterfüllte Farbpalette und die liebevolle Art-déco-Ausstattung des U-Boots keine düstere Stimmung aufkommen. Auch die Figuren, vom Haudegen Ned Land bis zum mysteriösen Nemo, kommen alle freundlich gezeichnet daher, was durchaus eine neue Blickweise auf die bekannte Story bietet.

Andreas Eikenroth

Professor Aronnax, Ned Land und Diener Conseil im Innern von Thilo Krapps Version der „Nautilus“

Cornelia Travnicek,
Michael Szyszka:
„Harte Schale, Weichtierkern“,
Beltz & Gelberg,
Weinheim, 2022,
126 Seiten, 15 Euro

Tintenfischblues

Ein Jugendbuch über Herzschmerz und die Liebe zum Oktopus

„SCHON LANGE HABEN MICH GEschichten über die unglaubliche Intelligenz dieser Tiere beeindruckt. Kaum beschäftigt man sich mit den Tintenschnecken, tut sich eine unglaubliche Vielfalt auf“, so die österreichische Autorin Cornelia Travnicek, deren Protagonistin von den Menschen denkt, dass sie wandelnde Meerwasseraquarien seien. Gerade ist es keine leichte Zeit für die 17-jährige Fabi. Marco hat sich von ihr getrennt, ein Therapeut soll helfen und empfiehlt, ein Tagebuch zu führen. Fabis eigenwillige Persönlichkeit strahlt vom ersten Satz an durch. „Du immer mit deinen Tintenfischen“, sagt die Mutter, aber Fabi fühlt sich eben seelenverwandt mit den intelligenten Einzelgängern, nach einer Asperger-Diagnose versteht man etwas mehr, warum.

Travnicek gelingt eine minutiöse jugendliche Seelenstudie, Zeichner Michael Szyszka verleiht den Kraken Sichtbarkeit in zahlreichen Facetten. Er arbeitet neben Bleistift, Buntstift und Papiercollagen auch malerisch, verwendet Acrylfarbe für die Hintergründe und zum Teil auch Tusche. „Die mystische Ausstrahlung dieses fremdartigen, kaum greifbaren Tieres und auch die wenig bekannten Verhaltensweisen ermöglichten mir viel Interpretationsspielraum bei der Illustration“, so der Kölner Künstler. Und den weiß er klug zu nutzen. In einer Kombination aus handschriftlichen Passagen, Listen, Tableaus und Vignetten prägt der Oktopus das Tagebuch der Hauptfigur. Teils klar und schwungvoll, teils kleinteilig, verwirrt und unruhig, geben sie der Gefühlswelt von Fabi ein Gesicht.

Antje Ehmann

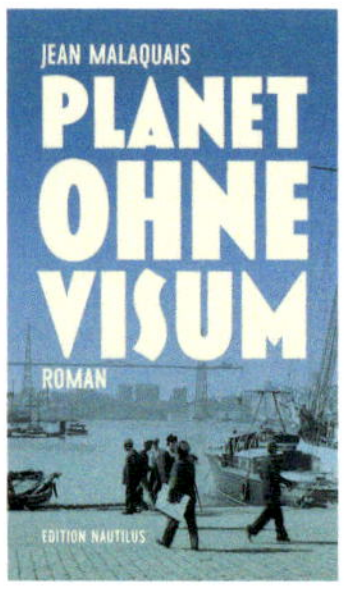

Jean Malaquais:
„Planet ohne Visum“,
aus dem Französischen
von Nadine Püschel,
Edition Nautilus, Hamburg,
2022, 664 Seiten, 32 Euro

Ewige Tragik von Flucht und Vertreibung

Der jüdische Autor Jean Malaquais floh 1943 aus Marseille in die USA. Sein Roman zum Thema ist eine fulminante Wiederentdeckung

VON 1940 AN WAR MARSEILLE EIN Bedrohtes Refugium zahlloser Emigranten auf deren Flucht vor den vorrückenden Nazitruppen. Danach befand sich die Hafenstadt für zwei Jahre in der sogenannten „Freien Zone“, ehe dann auch dort die Okkupanten einmarschierten. Bereits zuvor aber waren viele Flüchtlinge der Miliz des kollaborierenden Vichy-Regimes ins Netz gegangen, wurden in das berüchtigte Lager Les Milles gepfercht und danach der Gestapo ausgeliefert.

In den Romanen und Zeitzeugenberichten des 20. Jahrhunderts nimmt Marseille daher eine eminente Rolle ein, so etwa in Anna Seghers' großem Roman „Transit“ oder in den Büchern von Arthur Koestler und Hans Sahl. 75 Jahre nach seinem Erscheinen ist jetzt mit „Planet ohne Visum“ ein weiterer beeindruckender Flucht- und Exilroman erschienen – freilich kein Appendix zu einer vermeintlich längst bekannten Geschichte, sondern tatsächlich ein literarisches Ereignis.

Sein Autor Jean Malaquais wurde 1908 als Wladimir Malacki in einer jüdischen Familie in Warschau geboren, wanderte mit 17 Jahren aus und wurde in Frankreich von keinem Geringeren als dem Schriftsteller André Gide gefördert. Als unorthodoxer Linker musste Malaquais ab 1940 in den Untergrund gehen und floh drei Jahre später via Marseille nach Venezuela und Mexiko. Während dieser Zeit schrieb er an seinem Panoramaroman, der vielerlei ist: maritime Novelle und Reportage, Essay und *stream of consciousness*, Chronik, Epos und literarisierter Film noir.

Der legendäre amerikanische Fluchthelfer Varian Fry ist hier ebenso zur literarischen Figur geworden wie André Gide oder der berühmte Revolutionär Victor Serge. „Planet ohne Visum“ ist dennoch kein Schlüssel- oder Thesenroman, der heute lediglich Experten verständlich wäre. Denn über welche Menschenkenntnis und Stilmittel verfügt dieser Autor! Wie tief und niemals didaktisch gräbt er sich in die Seele kollaborierender französischer Notabeln und diabolischer Kommissare, wie prägnant ist das seelisch Verkantete deutscher Offiziere beschrieben, wie lebendig die Dialoge im eindrucksvoll geschilderten Kosmos der Flüchtlinge, wie plausibel die Verfolgungsjagden durch die Gassen eines atmosphärisch dichten Marseille und wie psychologisch nuanciert auch die politischen und emotionalen Konflikte seiner Helden und Heldinnen!

Menschen, die nach der Lektüre unvergesslich bleiben, weil die Überlegungen, denen sie sich unter Lebensgefahr jeden Tag stellen müssen, ebenso konkret sind wie von universeller Gültigkeit: Wie viel von einem guten Leben ist man bereit zu opfern für eine vage Zukunft, in der es für alle humaner zugehen soll? Und wann beginnt eine progressive Vision selbst partiell inhuman zu werden, wenn sie vom Inkohärenten und Widersprüchlichen, das uns allen zu eigen ist, allzu hochfahrend abstrahiert? Malaquais hat hier nicht nur einen engagierten Antinazi- und Fluchtroman geschrieben, sondern wagt sich auch an die sogenannten letzten großen Fragen. Wie gut, dass „Planet ohne Visum“ in einer kongenialen Übersetzung auch hierzulande erscheint. Nicht weniger als ein Meisterwerk ist zu entdecken.

Marko Martin

Tabitha Lasley:
„Seegang“,
aus dem Englischen
von Tanja Handels,
Luchterhand, München,
2022, 320 Seiten,
22 Euro

Verloren im Meer

Eine britische Autorin erkundet die Männerwelt einer Bohrinsel

MAN KANN SICH LEICHTERE THEMEN aussuchen für ein literarisches Debüt, doch die Liverpooler Journalistin Tabitha Lasley geht dahin, wo es wehtut: in die Welt der Bohrinseln vor Aberdeen. Hier hat Lasley mit mehr als 100 Arbeitern Interviews geführt. „Ich wollte sehen, wie Männer sind, ohne Frauen in der Nähe“, so die Autorin. Danach lebte sie einige Monate im Nordosten Schottlands, wo in den 1970ern die ersten Ölfelder der Nordsee erschlossen wurden. Man kann die Plattformen von der Küste aus sehen, doch sie sind dem Untergang geweiht: Statt Bohrinseln werden nun Windparks gebaut.

Doch noch gibt es sie, die Männer auf den Bohrinseln, alte Malocher und junge, tätowierte Typen, die sonst keine Jobs finden. Wie Caden, mit dem die Journalistin ein Verhältnis beginnt. Und so ist „Seegang“ auch ein Werk über sexuelles Begehren: ein journalistisch unzulässiges, aber ein packendes, dichtes Buch über eine Frau, die sich in eine männliche Welt drängt, über Schlägereien, katastrophale Sicherheitsmängel und Stürme, über Nächte in Hafenbars, über Profitgier und Ausbeutung, über einen Ort, der von den Arbeitern als „schwimmende Bombe“ beschrieben wird.

Woher aber rührt das Begehren? Caden hat kein Interesse an der von Missbrauch geprägten Vergangenheit Lasleys: Genau das nimmt sie für ihn ein. Und so ist die Beschreibung der Beziehung auch der intensivste Teil des rauen, hartkantigen Buchs, das von der Krise der Kultur proletarischer Männlichkeit erzählt und von der Einsamkeit der Protagonisten.

Marc Peschke

An dieser Stelle berichtet mare regelmäßig über neue Bücher aus seinem aktuellen Verlagsprogramm

„Ich durchschaue ihn selbst nicht ganz"

Ein Wrack, ein toter Taucher: Der Niederländer Mathijs Deen schickt Kommissar Cupido für dessen zweiten Fall in deutsche Gewässer

mare: *In Ihrem neuen Roman entdeckt ein niederländisches Bergungsschiff in deutschen Gewässern ein Wrack. An Bord befindet sich ein toter Taucher. Die Ermittlungen übernimmt, wie bereits in Ihrem vorangegangenen Krimi, Kommissar Liewe Cupido von der Bundespolizei See. Bahnt sich da eine Reihe an?*

Mathijs Deen: So scheint es. Ich durchschaue Liewe Cupido selbst nicht ganz. Was ihn genau antreibt, davon habe ich kaum mehr als eine Ahnung. Und die einzige Möglichkeit, das herauszufinden, ist, mehr über ihn zu schreiben.

Zunächst haben Sie bei mare einen Beziehungsroman veröffentlicht. Wie kamen Sie auf die Idee mit den Krimis?

Es war ein Experiment, für mich ist es das immer noch. Anfangs war ich unsicher, ob ich die Spannung bis zum Ende halten kann. Inzwischen weiß ich, dass ein Krimi auch nur ein Roman ist, wenn auch mit festem Muster. Das Genre gibt mir die Möglichkeit, über mein liebstes Thema zu schreiben: die Versuche von Menschen, sich in einer Welt zu behaupten, in der sie nur bedingt zurechtkommen.

Wie plant man eine Serie, bei der die Hauptfigur eine Konstante unter wechselnden Akteuren bildet?

Der Polizist hat ein paar Kollegen, die erneut auftauchen, aber die Opfer, die Verdächtigen und die Kreise, in denen sie sich bewegen, ändern sich jedes Mal. In jedem Band wird ein Fall gelöst. Dazu gehören wechselnde Charaktere. Aber für Liewe gibt es einen größeren Fall: den Unfall seines Vaters, dessen Aufklärung mehrere Bücher in Anspruch nehmen wird.

Wie viele fiktionale Ermittler verfügt auch Ihr Held über wenig Privatleben. Warum diese Figur des Einzelgängers?

Das Klischee des *lone wolf*, der Morde aufklärt, hält sich hartnäckig, das gebe ich gerne zu. Kommissar Maigret hatte ein Privatleben, seine Ehe war, wie uns der untreue Simenon glauben machen will, nicht schlecht. Aber seine Frau war mit allem einverstanden, solange sie für ihn kochen konnte. Es ist undenkbar, dass ich Cupido oder meinen Lesern ein solches Privatleben zumuten würde. Trotzdem gönne ich ihm die Liebe, im aktuellen Buch bahnt sich ja bereits etwas in dieser Richtung an.

Zunächst gönnen Sie ihm aber nur einen Hund, der ihm zufällig über den Weg läuft. Wie kam es zu dieser Idee?

Ich habe selbst einen Hund. Ob Liewe die Beziehung zu dem Hund aufrechterhalten kann, ist allerdings eher fraglich. Ich führe den Hund als eine zweideutige Größe in seinem Leben ein, die er sich nicht selbst ausgesucht hat, die er aber auch schlecht ablehnen kann. Der Hund erschwert Liewes Arbeit, aber er bietet natürlich auch willkommene Gesellschaft. Und die Art und Weise, wie Liewe mit ihm umgeht, erzählt etwas über seinen Charakter.

Mathijs Deen: ***„Der Taucher"***, *aus dem Niederländischen von Andreas Ecke, 320 Seiten, 22 Euro*

Im Fall des ermordeten Tauchers geht es auch um das Verhältnis von Vätern und Söhnen. Cupidos Vater kam bei einem Unfall ums Leben, als Cupido noch ein Kind war. Eine Erfahrung, die ihn nicht loslässt. Hilft sie ihm auch, den Fall zu lösen?

Liewe wurde durch den Tod seines Vaters mit einer Beziehung belastet, die nie reifen konnte. Das hat ihn geprägt. Ein anderer Ermittler hätte den Tod des Tauchers vielleicht nicht unter dem Gesichtspunkt einer Vater-Sohn-Beziehung betrachtet, aber da es Liewe ist, dem wir folgen, ergibt sich der Fall so.

Schauplatz ist Nordfriesland. Ihre Helden sind Insulaner oder Küstenbewohner. Inwieweit prägt das nicht nur die Handlung, sondern auch die Stimmung?

Das Meer bildet in jeder Hinsicht eine Kulisse, die Menschen klein macht. Das Leben am Meer ist von Melancholie durchdrungen, es schränkt die Möglichkeiten der Menschen ein, sodass sie mit etwas rechnen müssen, das größer ist als sie selbst. Nicht die Zeit regiert, sondern die Gezeiten.

Sie schreiben auf Holländisch, sprechen aber sehr gut Deutsch. Wie schauen Sie auf die Übersetzung, gerade was den Dialekt der Insulaner angeht?

Andreas Ecke ist ein fantastischer Übersetzer. Er verfügt über ein großes Netzwerk, das sich auch in die Häfen und auf die Inseln erstreckt. In „Der Taucher" wird ein bisschen Nordfriesisch gesprochen. Mir ist aufgefallen, dass sich in der Übersetzung die Worte ein wenig verändert haben. Ich bin zuversichtlich, dass dies eine Verbesserung darstellt.

Die Fragen stellte Roland Brockmann.

Doreen Cunningham:
„Der Gesang in den Meeren“,
aus dem Englischen
von Karen Witthuhn,
Rowohlt, Hamburg, 2022,
368 Seiten, 23 Euro

Der Grauwal als Therapeut

Die Journalistin Doreen Cunningham folgt einer Gruppe von Walen von Kalifornien bis in die Arktis und findet dabei in ihr Leben zurück

HUNDERTTAUSEND WALE UND DELfine sterben Jahr für Jahr immer noch durch Menschenhand. 1975 bestiegen Greenpeace-Aktivisten erstmals Schlauchboote und manövrierten sie zwischen Wale und die Harpunen der Walfänger. In diesem Jahr wurde auch Doreen Cunningham geboren. In ihrem Debüt „Der Gesang in den Meeren“, einer Mischung aus Autobiografie, Reisebericht und wissenschaftlicher Dokumentation, folgt sie als alleinerziehende Mutter eines zweijährigen Sohns einer Gruppe von Grauwalen von Baja California bis in die Arktis.

Sie fällt diese Entscheidung in einer Lebenskrise, gestrandet in einem Heim für obdachlose Mütter in Jersey. Dabei hatte sie vor der Geburt von Max eine Eigentumswohnung in London, arbeitete als Umweltingenieurin in der Klimaforschung, danach als Journalistin. Ihre Geschichten recherchierte sie an den entferntesten Orten der Welt, einschließlich Alaska, wo sie bei den Iñupiat-Walfängern gelebt und eine Fülle von ethnografischem Material gesammelt hatte. Ein Höhenflug, bevor sie für die Scheidung und den Streit um das Sorgerecht all ihre Ersparnisse aufbrauchte. Ein Absturz in die Einsamkeit, der sie zurück auf die Insel verschlug, auf der sie ihre Kindheit verbracht hatte.

Als sie sechs war, zogen ihr Vater, ein Biologe, und ihre depressive Mutter von Wales nach Jersey. „Ich wusste jederzeit, ob gerade Flut oder Ebbe herrschte, und nutzte die Strömung, um meine Kräfte zu messen“, schreibt sie. „Es war aufregend, von den Wellen hin- und hergeworfen zu werden. Alle Farben waren gedämpft, nichts stach heraus. Tiefes Grün, Schlammbraun und das gemischte Grau der treibenden Wolken.“ Der Vater ging mit ihr und ihren Geschwistern jeden Tag schwimmen. „Dann waren wir Meeressäugetiere, das kalte Wasser strömte über unsere Haut, die Finger wuchsen zu Schwimmflossen zusammen.“ Die Idylle fand ein Ende, als sie eine Flut an der Ostküste in Panik versetzte. Da hörte sie zum ersten Mal vom „Anstieg des Meeresspiegels“. Und als Teenager dann von Energiekonzernen, die die Ergebnisse der Klimaforschung infrage stellten.

Das Meer und seine bedrohten Bewohner ließen sie auch als Erwachsene nicht mehr los. Sie informierte sich über Expeditionen und verschlang die neuesten Erkenntnisse über das Sozialverhalten von Pottwalen in der Sargassosee. Während Mutterwale hier nach Nahrung tauchen, kümmern sich andere Weibchen um die Kälber.

Auf Freundschaften verlassen muss sich auch Cunningham, als sie auf Pump die Pazifikküste in Zug, Bus und Boot hinauf reist. Sie hofft auf einen Impuls, der sie zurück ins Leben bringt. Eine Prüfung, wie die männlichen Helden Herman Melvilles, sucht sie nicht. Dass sie Spott erntet und ihr selbst die Natur feindselig erscheint, nimmt sie in Kauf, bis Walmütter samt Nachwuchs neben ihr auftauchen.

Das Kollektiv inspiriert sie zu so pointierten wie poetischen Beschreibungen einer Spezies, die mit ihr per Blickkontakt zu kommunizieren scheint. Und siehe da, auf einmal gelingt es ihr, Beziehungen zu anderen zu knüpfen, Zuflucht zu finden, immer in dem Bewusstsein, dass die eigene Gattung nicht mehr viel Zeit hat.

Alexandra Wach

Fabio Genovesi:
„Die Botschaft der Riesenkalmare“,
aus dem Italienischen von
Karin Krieger,
S. Fischer, Frankfurt am Main, 2022,
192 Seiten, 20 Euro

Ungeheuer klug

Fabio Genovesi liebt Kalmare und sorgt sich um das Meer

„ES IST WEICH, RIESIG, UND VIELLEICHT wird es das Schiff verschlingen, wie es die Kanonenkugeln verschlungen hat, die Gewehrkugeln und wie es jetzt die Harpunenpfeile verschlingt, die durch seinen Körper fahren, in ihm verschwinden und wer weiß wo landen.“ So beschreibt Fabio Genovesi die Begegnung mit dem Kraken, der am 30. November 1861 die französische Korvette „Alecton“ attackierte.

Jahrhundertelang hausten die sagenumwobenen Geschöpfe unentdeckt im Dunkel der Tiefsee: Riesenkalmare, bis zu 20 Meter lange Kopffüßer mit einem verzweigten Gehirn, das bis in die Tentakeln reicht. Bis Ende des 19. Jahrhunderts galten Berichte über die vielarmigen Meeresbewohner als Seemannsgarn. Erst dann häuften sich die Funde der mysteriösen Kreaturen, die zu den Tintenfischen gehören – und bestätigten die zuweilen allzu fantasievollen Sichtungen dieser Tiere, um deren Lebensweise sich bis heute zahlreiche Geheimnisse ranken.

Der italienische Essayist nimmt die Rätsel um diese obskuren Lebewesen zum Anlass für ein leidenschaftliches Plädoyer, an das scheinbar Unmögliche zu glauben. So berichtet er vom urzeitlichen Quastenflosser, dessen Entdeckung von der Fachwelt zunächst ins Reich der Fabel verwiesen wurde. Ebenso unglaublich erschien eine Insel, die auftauchte und wieder im Meer versank. Vor allem aber könne man vom Riesenkalmar etwas über die Wunder der Natur lernen. Sein Buch ist kein Sachbuch, sondern eine Hymne an das Meer und ein Aufruf, diesen größten und schönsten Lebensraum zu bewahren.

Joseph Scheppach

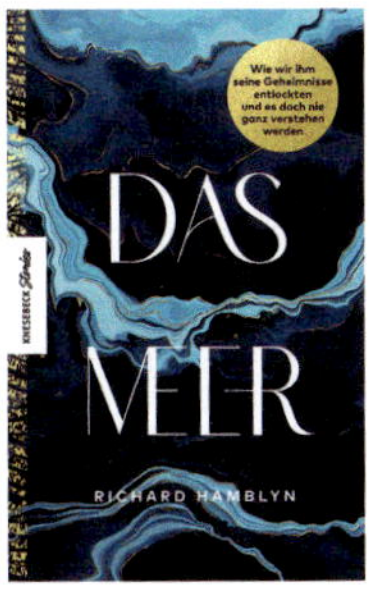

Richard Hamblyn:
„Das Meer“,
aus dem Englischen von Tobias Rothenbücher, Knesebeck, München, 2022, 272 Seiten, 22 Euro

Ein ganzer Ozean an Wissen

Der Brite Richard Hamblyn unternimmt einen Streifzug durch alle Gefilde des Salzwassers, der sich so spannend liest wie ein Krimi

OHNE MEER KEINE GLOBALISIERUNG, schon weil 90 Prozent aller Güter weltweit auf Containerschiffen transportiert werden. Als 2005 einer der größten dieser Frachter aus Asien in der englischen Hafenstadt Felixstowe anlegte, hatte er in Tausenden Containern etwa so viele Warenstücke an Bord, wie Großbritannien Einwohner zählt. „Da war buchstäblich für jeden etwas dabei“, schreibt Richard Hamblyn. Ein ähnlich opulentes Angebot bietet nun sein Buch „Das Meer“.

Der Historiker aus London erzählt darin ebenso liebevoll von der Erotik des Strandurlaubs im frühen 20. Jahrhundert wie vom Blues der Seeleute und der längsten Gebirgskette der Welt, die sich nicht etwa im Alpenraum erstreckt, sondern auf dem Meeresgrund. Packend berichtet Hamblyn von der „Flaschenpostmanie“ der 1850er-Jahre, dem „hässlichsten Tier der Welt“, von Strandräubern, U-Bahn-Waggons aus den USA, die zu künstlichen Riffen wurden, vom interkontinentalen Sklavenhandel sowie vom Kaspischen Meer, aus dem aktuell 90 Prozent des weltweit konsumierten Kaviars stammt – das in Wirklichkeit aber gar kein Meer ist.

Ein eigenes Kapitel hat er dem „Meer in Kunst und Musik“ gewidmet: vom Teppich von Bayeux, einer Stickerei aus dem 11. Jahrhundert, auf dem die Eroberung Englands durch Nachkommen der Wikinger dargestellt ist (Seite 74), über den berühmten Holzschnitt „Die große Welle vor Kanagawa“, die der japanische Künstler Katsushika Hokusai um das Jahr 1830 geschaffen hat, bis hin zu Claude Debussys 1905 vollendeter Komposition „La Mer“. Der Geschichte der Meeresforschung entlockt Hamblyn besonders viele Pointen: Der griechische Universalgelehrte Aristoteles etwa war im 4. Jahrhundert v. Chr. überzeugt, dass sich in den Meeren der Welt exakt 180 verschiedene Lebewesen tummeln. Rund 400 Jahre später zählte Plinius der Ältere noch einmal nach und kam zum Schluss, dass es nur 176 Arten seien. Wahrscheinlich wären die beiden in schallendes Gelächter ausgebrochen, hätte ihnen jemand prophezeit, dass in den 1870er-Jahren allein bei der Expedition des britischen Forschungsschiffs „Challenger“ mehr als 4700 neue Spezies im Meer entdeckt werden würden.

Dass die Anziehungskraft des Mondes beim Tidenhub eine Rolle spielt, weiß man. Doch diese kosmische Kraft bewirkt höchstens eine Differenz von rund 45 Zentimetern, erläutert Richard Hamblyn in seinem ebenso unterhaltsamen wie lehrreichen Buch. Wie also kommt es, dass der Höhenunterschied zwischen Hoch- und Niedrigwasser in manchen Küstengebieten bis zu 15 Meter beträgt? Und haben frühe Naturschützer in Europa tatsächlich schon im 14. Jahrhundert eine Petition eingereicht, um die Schleppnetzfischerei zu verbieten? Wie setzen Pottwale bei der Jagd ihr Körpergewicht ein? Hat 1736 ein Pfarrer aus England oder ein Dichter aus Liechtenstein den Strandurlaub erfunden? Warum ist es eine Katastrophe, dass die Meere heute um rund 26 Prozent saurer sind als noch vor 200 Jahren? Und was passiert eigentlich, wenn man einen Seestern in der Mitte durchtrennt? „Das Meer“ liest sich spannend wie ein Krimi – und am Ende will man sofort das nächste Buch von diesem Autor verschlingen.

Till Hein

Im Netz

www.clubofthewaves.com

Wellenkunst

Der „Club of the Waves“ ist eine internationale Ausstellung von Künstlern und Fotografen, die sich in ihrer Arbeit mit dem Surfen und der Surfkultur befassen. Andrew Couldwell, ein Designer, Programmierer und Autor, hat die gleichnamige Website 2006 gegründet, 2018 neu aufgelegt und mittlerweile die weltweit größte Community für Surfkunst aufgebaut. Die Ausstellung ist wundervoll. Wer einmal beginnt, sich durch die Bilder und Fotografien der vielen Künstler zu klicken, kann nicht mehr damit aufhören – und wenn, dann nur, um wahrscheinlich ans Meer zu fahren.

Wiebke Böse

Im Deckchair

Ein persönlicher Tipp von Katja Scholtz, Cheflektorin im mareverlag

Arezu Weitholz:
„Zu Mensch“,
Kunstmann, München, 2022, 208 Seiten, 30 Euro

Grönemeyer, den Namen hatte ich damals zum ersten Mal von meiner Lateinlehrerin Frau Neusen gehört, die den Künstler gelegentlich beim Metzger traf, wo er Fleischwurst kaufte (ohne Knoblauch), wovon sie dann gern der Klasse berichtete. Seine Musik hörte ich allerdings erst später, als ich Bochum bereits verlassen hatte, und wie für viele (circa 3,6 Millionen) andere hatte insbesondere sein Album „Mensch“ eine prägende Wirkung auf mich. Sagenhafte 96 Wochen hielt es sich in den Charts. Genau 20 Jahre später ist nun ein Buch erschienen, das neben wunderbaren Illustrationen von Katrin Funcke großartige Einblicke und Erinnerungen enthält und den Geist der damaligen Zeit aufleben lässt – geschrieben von einer, die selbst hoch kreativ und talentiert ist und an der Entstehung des Albums als Texterin und Weggefährtin unmittelbar beteiligt war: Arezu Weitholz. Ihr Lieblingslied? „Zum Meer“: „Es bündelt die gesamte Gefühlswelt des Albums.“

ESTONIA

Eiskalter Tod

Wer in unseren Breiten über Bord geht, dem bleiben oft nur Minuten, bevor er an Unterkühlung stirbt. Das Fatale: Laien wissen oft gar nicht, wie man Erfrierende rettet

Text: Tim Schröder   Illustration: Gregory Gilbert-Lodge

Die Menschen auf der „Estonia" haben kaum eine Chance. Es ist mitten in der Nacht, als die Autofähre in Seenot gerät. Die meisten der fast 1000 Passagiere liegen in ihren Kojen, während über der Ostsee ein Sturm tobt. Auf ihrer Fahrt von Tallinn nach Stockholm kämpft die „Estonia" bereits seit Stunden gegen die fünf Meter hohen Wellen an. Hunderte Male hat sie sich aufgebäumt und ist wieder in die nächste Welle gekracht. Um ein Uhr nachts, mitten auf der Ostsee, passiert es. Die Bugklappe reißt ab. Durch die große Öffnung schießt Wasser ins Schiff und flutet die Parkdecks.

Die „Estonia" neigt sich nach rechts, erst nur ein wenig. 20 Minuten später rollt sie sich ganz auf die Seite. Wasser strömt in die Flure und Kabinen. Nur einige Passagiere schaffen es nach draußen zu den Außendecks. Sie krallen sich an Bänken und Geländern fest. Doch als die „Estonia" um kurz vor zwei Uhr versinkt, müssen sie in die kalte Ostsee springen. Schwimmwesten halten sie oben. Brecher stürzen auf die Menschen herab. Sie sind durchnässt und kühlen schnell aus.

Damals, am 28. September 1994, beginnt ein Wettlauf gegen die Zeit. Schiffe in der Nähe halten Kurs auf das Unglücksgebiet. In Finnland und Schweden starten Rettungshubschrauber. Gut 200 Kilometer sind es bis zur schwedischen Küste, 100 bis zur finnischen. Sie fliegen so schnell, wie es geht, denn jede Minute zählt. Das Wasser hat nur knapp über zehn Grad Celsius. Es saugt den Menschen die Wärme aus dem Leib. „Wasser leitet Wärme gut, rund 20-mal besser als Luft. Deshalb kühlt man im kalten Wasser so schnell aus", sagt Ulrich van Laak, ehemaliger Flottenarzt beim Schifffahrtmedizinischen Institut der Marine in Kronshagen bei Kiel. In den vergangenen Jahrzehnten hat er zusammen mit Kollegen im Rettungsmittellabor über unterkühlte Menschen geforscht.

Van Laak erinnert sich noch sehr gut an den Untergang der „Estonia". Er hatte damals engen Kontakt zu den schwedischen Rettungsfliegern. „Es war dramatisch", sagt er. „Die Kollegen hatten an der Unglücksstelle nur acht Minuten Zeit, um die Leute aus dem Wasser in den Helikopter zu ziehen, dann mussten sie wieder zurück, weil der Treibstoff sonst nicht gereicht hätte. Sie flogen ja direkt gegen den Sturm an." Die sinkende „Estonia" zog damals mehr als 700 Menschen mit sich in die Tiefe. 229 konnten sich nach draußen retten, ehe das Schiff unterging. 92 von ihnen aber starben im Wasser oder kurz nach der Bergung an Unterkühlung.

Van Laak kennt die Grenze zwischen Leben und Tod. Und die Wirkung, die kaltes Wasser auf den Menschen hat. „Mediziner teilen die Unterkühlung in drei Phasen ein, die auf unterschiedliche

Unter 28 Grad Körpertemperatur setzt das Herz aus

Art zum Tod führen können." Phase eins setzt mit dem Sprung ins kalte Wasser ein. Wenn der Körper untertaucht, hält der Mensch vor Schreck den Atem an. Manche erstarren im Kälteschock und ertrinken, weil sie nicht zu schwimmen beginnen. Bei anderen lässt der Schock nach wenigen Augenblicken nach. Meist folgt ein hektisches Hecheln. Verschluckt der Mensch dabei Wasser, kann er ebenfalls ertrinken. „Diese Sofortreaktionen des Körpers haben noch nichts mit einer Unterkühlung im eigentlichen Sinn zu tun", sagt van Laak. „Die setzt erst in Phase zwei ein."

In Phase zwei beginnt der Körper, das warme Blut im Rumpf zurückzuhalten, indem sich die Blutgefäße in der Haut und in den Armen und Beinen verengen. Vorrang hat jetzt die Durchblutung der lebenswichtigen Organe, vor allem des Herzens, der Lunge und des Gehirns. Der Pulsschlag verlangsamt sich. Der Betroffene wird schläfrig. „Die Gliedmaßen kühlen dann extrem schnell weiter aus", sagt van Laak. Sinkt die Temperatur in den Muskeln auf unter 30 Grad Celsius, kann man sich kaum noch bewegen. „Je nach Kondition und Wassertemperatur kann man im kalten Wasser etwa eine halbe Stunde durchhalten, ehe die Muskeln versagen – ohne Rettungsweste ertrinkt man dann."

Kühlt der Körper noch weiter aus, gleitet der Betroffene in Phase drei: Sobald die Temperatur im Körperinneren auf unter 28 Grad fällt, setzt das Herz aus. „Dann muss es wirklich schnell gehen", sagt van Laak. „Wir müssen dann nonstop Herzmassage machen, damit das Blut weiter zirkuliert und das Gehirn minimal mit Restsauerstoff versorgt – und den Patienten schnellstens zu einer Herz-Lungen-Maschine bringen."

Die Menschen, die nach dem Untergang der „Estonia" im Wasser trieben, warteten lange auf Hilfe. Die Hubschrauber brauchten etwa eine Stunde, bis sie vor Ort waren. „Weil es damals so schnell gehen musste, zogen die schwedischen Flieger die Menschen einen nach dem anderen mit der Winde senkrecht aus dem Wasser", sagt van Laak. „Bei der Bergung von Unterkühlten ist das grundfalsch – aber es ging damals einfach nicht anders."

Das Problem: In der senkrechten Position sackt das noch recht warme Blut aus dem Rumpf in die kalten Gliedmaßen. Strömt es zum Herzen zurück, kühlt es das Körperinnere noch weiter aus. „Patienten, die zuvor noch ansprechbar waren, können dann mit einem Schlag aus Phase zwei in Phase drei rutschen. Wir nennen das den Bergekollaps. Immer wieder sterben Menschen, die man schon gerettet glaubte, daran. Schiffbrüchige muss man daher liegend bergen."

In welcher Phase befindet sich der Betroffene? Das ist die erste Frage, die sich Seenotretter stellen – denn davon hängt ab, wie sie handeln. Es ist gut, wenn der Schiffbrüchige noch zittert. Der Körper ist dann noch warm genug, um gegen die Kälte zu kämpfen. Das Zittern hört erst bei 33 Grad Muskeltemperatur auf. Solange der Mensch noch ansprechbar ist und sich bewegen kann, heißt es für Thorsten Lieb, Survivalausbilder bei RelyOn Nutec in Bremerhaven: raus aus den Klamotten und trockene Kleidung an – damit die Person nicht weiter auskühlt. Auch warme Getränke wie Früchtetee helfen.

Ausbilder Lieb trainiert regelmäßig Seeleute und Offshorearbeiter und warnt vor den Fehlern. „Anders ist es, wenn die Person schon benommen oder gar bewusstlos ist, dann ist die Körperkerntemperatur schon gefährlich gefallen. Dann darf man die Kleidung nicht mehr ausziehen." Denn durch die Bewegung regt man den Kreislauf an. Das Herz pumpt dann wieder stärker und treibt das Blut in die kalte Haut und die kalten Gliedmaßen. Strömt es kalt zurück, kann es zum Herzstillstand kommen.

Also bleibt die Kleidung an – auch weil nasse Kleidung noch wärmt. Im Gewebe befindet sich immer ein Rest Luft, der ähnlich wie bei einem Neoprenanzug den Körper isoliert. „Stark unterkühlte Patienten wickeln wir einfach in Rettungsfolie oder Decken ein, um die restliche Wärme im Körper zu halten", sagt Lieb. Auf keinen Fall dürften Retter den Kreislauf stark unterkühlter Menschen hochtreiben. „Vermeintliches Warmrubbeln oder Getränke wie Kaffee, schwarzer Tee oder Alkohol weiten die Blutgefäße und fördern ebenfalls die Durchblutung der kalten Haut." Solche Methoden waren noch bis in die 1960er-Jahre gang und gäbe – und dürften viele Schiffbrüchige das Leben gekostet haben.

Für Rettungsinseln und -boote sind heutzutage Anzüge aus dicker Folie vorgeschrieben. „Die sind so groß, dass man auch zu zweit hineinpasst. So kann man sich gegenseitig wärmen", sagt Lieb. Hat man keine Rettungsfolie zur Hand, könne man auch in Plastiksäcke klettern. Die Luft darin isoliere ebenfalls. Vergessen werde oft, auch den Kopf zu schützen. Als lebenswichtiges Organ wird der besonders gut durchblutet, bis zum Schluss, bis zum Herzstillstand in Phase drei.

Fatalerweise aber verliert der Mensch über den Kopf besonders viel Wärme, weil ihn keine Fettschicht schützt. Moderne Rettungswesten haben deshalb eine Spritzwasserschutzhaube mit einem durchsichtigen Visier, die man sich über den Kopf zieht. „Diese soll das Einatmen der Gischt verhindern, hält aber auch den Kopf warm", erläutert Lieb. Zum Problem wird der Wärmeverlust über den Kopf auch dann, wenn Retter im Hubschrauber jemanden aus dem Wasser ziehen. Der Wind der Rotoren, der sogenannte Downwash, kühlt den Kopf dann zusätzlich. Ist der Mensch bereits stark unterkühlt, kann ihm der Downwash den Rest geben.

Doch was geschieht, wenn kein Retter kommt? Wie lange kann ein Mensch im kalten Wasser überleben? Eine Frage, die Lieb häufig hört. „Trägt ein Mensch keine Rettungsweste oder andere Hilfsmittel, dann gilt für uns die Daumenregel ‚Pro Grad Wassertemperatur eine Minute Überlebenszeit'", sagt er. „Das betrifft aber nur das Auskühlen der Muskulatur. Wenn man sich nicht mehr bewegen kann, ertrinkt man ohne Rettungsweste. Mit dem eigentlichen Erfrieren, also dem Auskühlen bis zum Herzstillstand, hat das nichts zu tun."

Warmrubbeln oder der Konsum von Alkohol können lebensgefährlich sein

Was das eigentliche Erfrieren im Meer angeht, findet man ganz verschiedene Angaben, weil die Überlebenszeit nicht nur von der Wassertemperatur abhängt, sondern auch davon, wie fit eine Person ist, welche Kleidung sie trägt oder wie hoch ihr Körperfettanteil ist. „Wir richten uns nach einer Tabelle mit Überlebenszeiten der US Navy, die auf Erfahrungswerten zum Beispiel von Unfällen basiert", sagt Lieb. Die Tabelle geht von einem 70 Kilogramm schweren Mann aus, der normal gekleidet ist und eine Rettungsweste trägt: Für null Grad Wassertemperatur gibt sie eine Überlebenszeit von weniger als einer Stunde bis maximal zwei Stunden an. Bei 20 Grad beträgt die Überlebenszeit zwischen drei und 40 Stunden.

Auch der frühere Marinearzt van Laak kennt solche Tabellen. Für ihn haben sie aber nur eine begrenzte Aussagekraft. Trainierte Eisschwimmer hielten problemlos länger aus, auch weil sie einen sehr anstrengenden Schwimmstil hätten, der enorm Wärme produziere, sagt van Laak. Bei korpulenten Menschen wiederum könne die isolierende Fettschicht helfen.

Tatsächlich waren sich viele Jahrzehnte lang auch Experten unsicher, wie lange ein Mensch eine Unterkühlung überleben kann. Bis zum 21. Mai 1999. Damals stürzte die Schwedin Anna Bågenholm kopfüber beim Skifahren in der Nähe von Narvik in einen zugefrorenen Bach. Sie verklemmte sich unter dem Eis und lag eine Stunde lang mit dem Gesicht unter Wasser. Normalerweise stirbt ein Mensch nach kurzer Zeit an Sauerstoffmangel – vor allem wegen der Mangelversorgung des Gehirns. In diesem Fall aber rettete das Eiswasser ihr Leben. Die schlanke Frau kühlte extrem schnell aus, der Kreislauf kam zum Erliegen. Und damit sank auch der Sauerstoffverbrauch fast auf Null. Als Anna Bågenholm endlich auf der Intensivstation lag, maßen die Ärzte eine Körperkerntemperatur von 13,7 Grad. „Damit ist ein Mensch praktisch tot", sagt van Laak.

Doch dem Klinikteam gelang das Wunder. Über die Herz-Lungen-Maschine wärmten sie Anna Bågenholm langsam wieder auf. Grad für Grad über einen Zeitraum von 170 Minuten. Sie überlebte. „Die Kunst besteht darin, Unterkühlte sehr langsam aufzuwärmen", sagt van Laak. Unter Sauerstoffmangel übersäuert das Blut, die Innenseite der Blutgefäße wird angegriffen. Erwärmt man zu schnell, können Gefäße reißen. Thrombosen und Blutungen können auftreten – ohne intensivmedizinische Kontrolle geht gar nichts. Doch Fakt ist, dass man stark unterkühlte Personen wieder ins Leben zurückholen kann, sagt van Laak. „Für Mediziner gilt daher das Gesetz, dass ein Unterkühlter erst dann für tot erklärt wird, wenn er wieder aufgewärmt und tot ist."

Anna Bågenholm ist gesund und arbeitet heute als Ärztin. Und sie ist weltberühmt – als kälteste Frau aller Zeiten. In der Schweiz werden die 13,7 Grad in der offiziellen Unterkühlungstabelle für Lawinenopfer als niedrigste Temperatur angegeben, die ein Mensch überleben kann.

„Der Fall Anna Bågenholm war ein Meilenstein in der Unterkühlungsmedizin“, sagt van Laak. Einer Medizin, die im 18. Jahrhundert in den Niederlanden begann. Damals konnten nur wenige Menschen schwimmen, immer wieder ertranken Leute in Kanälen und Flüssen. 1767 gründete man deshalb in Amsterdam die erste Lebensrettungsgesellschaft. „Die Mittel, mit denen man die Unterkühlten ins Leben zurückholte, waren allerdings rabiat“, so van Laak. „Vielen führte man ein Tabakklistier in den Darm ein, um warmen Rauch in den Körper zu blasen. Wenn jemand aus der Ohnmacht erwachte, dann weniger wegen des Rauchs, sondern eher wegen des Schmerzes.“

Zwischen dem Tabakklistier und der Intensivstation liegen 250 Jahre, in denen Seenotretter aus Fehlern gelernt haben. „Stark Unterkühlte transportieren wir heute eher kalt in die Klinik – mit Herzmassage und Beatmung. Manchmal kann man mit warmen Flüssigkeiten über eine Magensonde den Körper langsam erwärmen“, sagt van Laak. Freilich nur, wenn erfahrene Notfallmediziner dabei sind.

Trotz aller Erfahrung geriet van Laak vor Jahren selbst in Lebensgefahr, als er mit seiner Tochter im April im Kanu über einen See in Schleswig-Holstein paddelte. „Wir kamen aus dem Windschatten eines Waldes und kriegten plötzlich Seitenwind. Das Kanu kippte um, einige hundert Meter vom Ufer entfernt.“ Sechs Grad Wassertemperatur. Es folgte der Kälteschock, der Moment der Erstarrung. Dann entschied sich van Laak, es wie ein Eisschwimmer zu machen: schnelle, hektische Schwimmbewegungen, um warm zu bleiben. „Meine Tochter und ich sind damit bis zum Ufer gekommen.“

Genau so würde er es wieder machen, wenn er noch einmal in Seenot geraten sollte. „Wenn das Ufer nah ist: wie verrückt schwimmen. Ansonsten rate ich jedem Betroffenen, so lange wie möglich auf einem havarierten Schiff zu bleiben. Das ist allemal besser, als ins kalte Wasser zu springen.“

Seit dieser Recherche schaut der Oldenburger Autor Tim Schröder, 52, immer zuerst nach den Fluchtwegen und Rettungsbooten, wenn er ein Schiff besteigt. Als sporadischer Hobbysegler hat Gregory Gilbert-Lodge, Jahrgang 1967, Illustrator in Zürich, großen Respekt vor kaltem Wasser.

Die Verwandlung

Manche Fische können ihr Geschlecht bei Bedarf verändern. Sie leben mal als Weibchen, mal als Männchen. Doch worin liegt der biologische Nutzen?

Von Till Hein

Es ist nicht verwunderlich, dass der Zeichentrickfilm „Findet Nemo" aus dem Jahr 2003 so viele Kinobesucher zu Tränen rührte. Mit einem Clownfischpapa, dessen Partnerin gestorben ist und der verzweifelt versucht, seinen kleinen Sohn Nemo allein durchzubringen, fiebert jeder gern mit. Doch aus biologischer Sicht ist der Plot völlig unrealistisch: Kein Clownfisch würde sich als alleinerziehender Vater durchschlagen. Schon weil diese Fische, was ihre geschlechtliche Identität betrifft, dafür viel zu flexibel sind: männlich oder weiblich? Alles zu seiner Zeit.

„Nemo ist ein Transsexueller", titelte die „Frankfurter Allgemeine Zeitung" anlässlich der Filmpremiere denn auch ungewohnt schrill. Inhaltlich war das nicht ganz korrekt, denn im Gegensatz zu einem Transsexuellen hat Titelheld Nemo mit seinem biologischen Geschlecht grundsätzlich kein Problem. Worauf die Schlagzeile anspielte: Clownfische können ihr Geschlecht bei Bedarf verändern. Und in Wirklichkeit würde sich Nemos Vater vielleicht, statt alleinerziehender Papa zu bleiben, flugs in ein Weibchen verwandeln und mit einem männlichen Artgenossen eine neue Familie gründen.

Dass Witwer oder Witwen mit Kind recht bald eine neue Partnerschaft eingehen, ist auch unter Menschen keine Seltenheit. Weshalb aber wechseln Clownfischmännchen vor diesem Schritt manchmal ihr Geschlecht? Ist diese Verwandlung ein sinnfreies Überbleibsel aus einer Sackgasse der Evolutionsgeschichte?

Dagegen spricht, dass die anmutigen orangefarben, schwarz und weiß gemusterten Clownfische, die unter anderem am Great Barrier Reef vor der Küste Australiens leben, bei Weitem nicht die einzigen Flossentiere mit der Fähigkeit zum Geschlechtswechsel sind. Bei 450 verschiedenen Arten von Fischen haben Wissenschaftler das Phänomen bereits beobachtet. Im Gegensatz zum *Homo sapiens* brauchen Fische in solchen Fällen weder Hormonpräparate noch spezielle Ärzte, die geschlechtsangleichende Operationen durchführen. Auch auf Gleichstellungsbeauftragte und ein Binnen-I können sie getrost verzichten. Denn anders als bei Vögeln oder Säugetieren wie dem Menschen ist das biologische Geschlecht bei vielen Flossentieren nicht genetisch festgelegt. Beneidenswert.

Zahlreiche Fischarten sind sogenannte sequenzielle Hermaphroditen. Zu einem bestimmten Zeitpunkt im Leben können sie ihr Geschlecht für immer verändern. Männliche Barramundis und Goldbrassen etwa werden dann – so wie Clownfischmännchen – zu Weibchen. Noch häufiger

Fische haben Vorläuferzellen für Eierstock und Hoden

ist die Verwandlung von Weibchen in Männchen, die von vielen Lippfischarten praktiziert wird. Doch worin liegt der biologische Nutzen, wenn Männchen zu Weibchen werden und umgekehrt?

Der Fischexperte und ehemalige Leiter der Korallenfischabteilung des Stuttgarter Zoos Wilhelma, Kai-Uwe Genzel, hat eine simple Erklärung. „Das Potenzial zur Geschlechtsveränderung optimiert die Chancen, die eigenen Gene weiterzugeben." Zum Beispiel bei Clownfischen: „Viele Riffe sind wie kleine, weit voneinander entfernte Unterwasserinseln", erklärt Genzel. Dort immer einen passenden Sexualpartner zu finden sei schwierig. Nicht selten sitze ein Clownfischmännchen einsam auf einem Felsen und warte sehnsüchtig auf eine Partnerin. „Kommt dann endlich ein Artgenosse daher", sagt Genzel, „passt man eher sein Geschlecht so an, dass Fortpflanzung möglich wird, als dass man sich die Chance entgehen lässt." Insbesondere, wenn man verwitwet sei und Vater.

Wohl am spektakulärsten geht es bei der Geschlechtsumwandlung von Schafskopf-Lippfischen zur Sache. Manchmal zieht sich das größte Weibchen einer Gruppe dieser Art plötzlich für etwa eine Woche in eine Höhle im Korallenriff zurück. Kommt die Fischdame danach wieder hervor, ist sie kaum wiederzuerkennen. Ehemals grazil, hat sie nun dicke Hoden, und an ihrer breiten Stirn steht eine imposante Beule hervor.

Zuvor schüchtern, verhält sich das zum Männchen mutierte Tier nun plötzlich aggressiv. Größer als das bisher dominante Männchen in der Gruppe – mit dem es sich gepaart hat, als es noch ein Weibchen war –, attackiert es den ehemaligen Partner, schlägt ihn in einem brutalen Kampf durch Bisse in die Lippen in die Flucht und schwingt sich selbst zum neuen Pascha auf. Warum die Evolution diese Besonderheit ausgeprägt hat, ist auch Wissenschaftlern noch nicht klar.

Manche Arten aus der großen Familie der Grundeln haben den Trick mit dem Geschlechtswechsel perfektioniert. Je nach Lebensumständen können sie mehrfach zwischen männlich und weiblich hin- und herwechseln.

Viele Grundelarten leben in Spalten von Korallenriffen. Sie sind enorm standorttreu und haben dadurch noch weit weniger Möglichkeiten als Clownfische, Sexualpartner zu finden, weiß Fischexperte Genzel. „Daher ist es für solche Fische besonders wichtig, dass bei jeder Begegnung zweier Individuen ein fortpflanzungsfähiges Paar entsteht."

Treffen also zwei Männchen oder zwei Weibchen aufeinander, wechselt jeweils eines der beiden Individuen so schnell wie möglich sein Geschlecht. Wie das physiologisch überhaupt möglich ist, muss noch erforscht werden.

Unstrittig ist inzwischen: Bei Fischen sind in den Keimdrüsen, den sogenannten Gonaden, sowohl Vorläuferzellen für Eierstock- als auch für Hodengewebe vorhanden. „Daher kann eine rasche Ausschüttung von körpereigenen östrogen- oder eben testosteronartigen Hormonen die Bildung neuen gonadalen Gewebes auslösen und einen Geschlechtswechsel einleiten", sagt Stefano Mariani, Meeresbiologe und Genetiker an der John Moores University in Liverpool. Eine wichtige Rolle scheint dabei das Enzym Aromatase zu spielen. „Dieses Enzym ist wie ein Wirbelsturm auf molekularer Ebene", so Mariani. „Es kann männliche in weibliche Geschlechtshormone verwandeln."

Aromatase reagiert auf Temperaturveränderungen, ebenso andere Enzyme, die eine Vermännlichung fördern. Neuere Untersuchungen zeigen jedenfalls, dass Wärme bei Fischen die Ausprägung männlicher Geschlechtsmerkmale begünstigt. Eine Studie mit 59 Fischarten ergab: Bereits ein Anstieg der Wassertemperatur um ein bis zwei Grad kann das Verhältnis von Weibchen zu Männchen von eins zu eins auf eins zu drei verändern.

Eine Schafskopf-Lippfischdame: Eben noch grazil, hat sie nun Hoden und an ihrer breiten Stirn eine imposante Beule

„Die Zukunft ist weiblich", wird mit Blick auf die menschliche Gesellschaft oft prognostiziert. Für Fische dagegen gilt, angesichts der globalen Klimaerwärmung, wohl eher: Die Zukunft ist männlich.

Till Hein, Jahrgang 1969, Wissenschaftsjournalist in Berlin, las neulich, dass es beim Homo sapiens *in Wirklichkeit nicht nur zwei oder drei, sondern insgesamt 60 Geschlechter gibt: neben „Frau" und „Mann" unter anderem auch „Pangender", „Transgender", „Two-Spirit", „Inter-" oder „Crossgender".*

mareRadio

Jeden ersten Sonntag im Monat auf Bremen Zwei

KALIFORNIEN

Sonntag, 11. Februar 2023, 12.05 Uhr, Bremen Zwei (Wiederholung vom 5. Februar)

Für Jacques Cousteau war er das „Aquarium der Welt": der Golf von Kalifornien zwischen Mexikos Festland und der Halbinsel Baja California. mareRadio erkundet dieses Weltnaturerbe, das als eines der biologisch reichsten Gewässer des Planeten gilt.

STOFF

Sonntag, 5. März, 12.05 Uhr, Bremen Zwei

Einmal mehr gibt es Stoff zum Nachdenken und genussvollen Hören. Stoff ist das Thema dieser Ausgabe von mareRadio: der gute Stoff, der als Bier zur begehrten Handelsware der Hansestädte wurde oder als Rum dem Seemann Trost spendete; die guten Textilien, die seit dem Mittelalter zur Vernetzung der Welt beitrugen, aber damit auch zum Sklavenhandel; und die gar nicht guten Stoffe, das Geschäft mit illegalen Drogen, dessen Jahresumsatz mittlerweile auf mehr als 500 Milliarden US-Dollar im Jahr geschätzt wird.

PASSAGE

Sonntag, 2. April, 12.05 Uhr, Bremen Zwei

Um eine Passage für diese mareRadio-Sendung zu buchen, benötigen Sie nichts weiter als Ihr Radio: Mit den frühen Luxuslinern geht es auf große Fahrt. An Bord begeben wir uns neben anderem auf die Suche nach blinden Passagieren.

Termine

Liebe Leserinnen, liebe Leser,

zum Redaktionsschluss dieser Ausgabe waren alle aufgeführten Veranstaltungen als von Coronaregeln uneingeschränkt angekündigt. Dennoch bitten wir Sie, sich auf den Websites der Veranstalter rechtzeitig über eventuelle Änderungen zu informieren. *Die Red.*

AHLBECK / USEDOM

Winterbadespektakel

Beim Usedomer Winterbadespektakel stürzen sich mehr als 200 verkleidete Mutige in die kalten Ostseefluten. 25.2., Ahlbeck, Strand links der Seebrücke. www.kaiserbaeder-auf-usedom.de

ALKERSUM / FÖHR

Dampfer, Deiche, Dramen

Druckgrafik aus der Sammlung und zeitgenössische Positionen. Schwerpunkt ist der Zeitraum zwischen 1890 und 1930 – fruchtbare Jahre für die Druckgrafik, die damals als Mittel des individuellen künstlerischen Ausdrucks wiederentdeckt wurde. 19.2.–18.6., Di–So 10–17 Uhr, Museum der Kunst der Westküste. www.mkdw.de

BERLIN

White, Vanishing

Als künstlerischer Gast des Alfred-Wegener-Instituts für Meeres- und Polarforschung reiste der Komponist Daniel Michael Kaiser zu Forschungsstationen in der Arktis und der Antarktis, um Geräusche aufzunehmen und Musikwerke zu schaffen, die die Einzigartigkeit und Schönheit dieser Umgebungen fassen sollen. „White, Vanishing" ist der Titel einer daraus entstandenen Komposition, die nun vom Akademischen Orchester Berlin aufgeführt wird. 12.3., 16–18 Uhr, Philharmonie Berlin. www.aob-ev.de

Vision Seemacht

Nach über 170 Jahren zeigt die Gemäldegalerie ein in Vergessenheit geratenes Juwel: das sowohl kunsthistorisch als auch für Brandenburgs Geschichtsschreibung bedeutsame Marinestück „Dreimaster auf leicht bewegter See" von Olfert de Vrij (1635–1699). Anlässlich der Präsentation findet eine Vortragsreihe statt, die unterschiedliche Aspekte rund um das Gemälde aufgreift. Bis 16.4., Di–So 10–18, Do bis 20 Uhr, Gemäldegalerie. www.smb.museum

FRANKFURT AM MAIN

Im Tiefenrausch. Film unter Wasser

Schon früh hat der Film fantastische Welten und Wesen, die unter der Wasseroberfläche lauern, für sich entdeckt. Die Ausstellung lotet mit zahlreichen kunstvoll gestalteten Filmkompilationen das Spannungsfeld zwischen Licht und Dunkelheit, Oberfläche und Tiefe, Leben und Tod, das Filmemacher/innen immer wieder ins Wasser abtauchen lässt, aus. Bis 26.2., Di–So 11–18, Fr bis 20 Uhr, Deutsches Filminstitut & Filmmuseum. www.dff.film

FREIBURG

Abenteuer Ozean. Geheimnisse der Weltmeere

Tauchabenteurer und Unterwasserfotograf David Hettich hat sich den Geheimnissen der Meere verschrieben. Seine Arbeit präsentiert er jetzt in einer beeindruckenden Film- und Fotoschau. 3.3., 19.30 Uhr, Bürgerhaus am Seepark, Gerhart-Hauptmann-Straße 1. www.mundologia.de

HAMBURG

Ragnar Axelsson. Where the world is melting

Der isländische Fotograf Ragnar Axelsson, einer der gefragtesten Fotografen des Nordens, doku-

**Wir freuen uns über Ihre Veranstaltungshinweise:
mare-Termine
Wiebke Böse
Sandthorquaihof, Pickhuben 2
20457 Hamburg
Fax: 040/369 859 99
E-Mail: termine@mare.de
Redaktionsschluss der nächsten Ausgabe: 13. März 2023**

mentiert in seiner ersten Retrospektive die Veränderungen von Landschaften und Lebensräumen der Menschen am Rand der bewohnbaren Welt. Hierfür reist er immer wieder in die entlegensten und isoliertesten Regionen der Arktis. 17.3.–4.6., Di–So 11–18 Uhr, Deichtorhallen. www.deichtorhallen.de

Chiffren einer Stadt. Fotografien von Hans Meyer-Veden
Der Fotograf hat die Stadt am Strom über drei Jahrzehnte in ausdrucksstarken Bildern festgehalten. Als Flaneur mit Kamera war er zu Fuß unterwegs in den Straßen, am Wasser und in der Marsch. Bis 13.2., Mi–Mo 11–18 Uhr, Jenisch Haus. www.shmh.de

KIEL
Meeresmenschen
Die Fotokünstlerin Barbara Dombrowski zeigt in dieser Ausstellung Bilder von Anwohnern an Ost- und Nordsee – mit Gegenständen, Tieren und in Landschaften, die ihre Beziehung zum Meer prägen. Bis 26.2., Mi 15.30–19.30, Do–Sa 10.30–19.30 Uhr, Nordlicht, Holstenstraße 1. www.ocean-summit.de

NORDDORF / AMRUM
Jazzica Chorkonzert
Der preisgekrönte A-cappella-Frauenchor aus Kiel – 50 Sängerinnen in bis zu acht Stimmgruppen – präsentiert sein Repertoire aus Jazz, Pop und Musical. 1.4., 20 Uhr, Gemeindehaus. Tickets: veranstaltungen@amrum.de. www.amrum.de

PORTLAND, OREGON (USA)
Portland Jazz Festival
In seinen 20 Jahren hat sich das „PJF“ zu einem wichtigen Termin im US-Festivalkalender gemacht. Stars wie Angélique Kidjo und Bill Frisells Quartett Four geben sich hier die Mikrofone in die Hand. 16.–25.2., täglich ab 16 Uhr, diverse Locations in City und Hafen. www.pdxjazz.org

HANNOVER
Ans Meer

Die Ausstellung der Fotografin Nicole Strasser zeigt in sechs Serien Orte, die am Meer liegen und deren Geschichten allesamt in mare veröffentlicht wurden. Der spanische Badeort Benidorm, das Urlaubs- und Spielerparadies Blackpool an der Irischen See, das französische Nobelseebad Biarritz, eine Hausbootsiedlung in Sausalito in der Bucht von San Francisco, der abgelegene Hafenort Whittier in Alaska und die Küstenlandschaften der Normandie waren Ziele ihrer ausgedehnten fotografischen Reisen. Dabei hat sie in ihren Fotografien kaum eines der Themen ausgelassen, auf die man trifft, wenn man ans Meer reist (im Bild oben: Normandie, 2017). Der Journalist und Schriftsteller Christian Schüle, der mehrmals mit ihr für mare zusammengearbeitet hat, hält den einführenden Vortrag.
16.2. bis 26.3. (Vernissage 15.2., 18 Uhr), Do bis So 12 bis 18 Uhr, GAF Eisfabrik. www.gafeisfabrik.de

mare TV

Jeden ersten und dritten Donnerstag im Monat im NDR Fernsehen

AUSTRALIENS MEERESWUNDER
AM GREAT BARRIER REEF
16. Februar, 20.15 Uhr, NDR Fernsehen
Das Great Barrier Reef ist so groß, dass es aus dem All mit bloßem Auge zu erkennen ist. Es erstreckt sich über 2300 Kilometer vor Australiens Nordostküste. Doch das Weltnaturerbe, ein Ökosystem von überragender Bedeutung, ist durch den Klimawandel bedroht. Naturschützer wie Azry Saparwan haben in jahrelanger Sisyphusarbeit einen abgestorbenen Teil des Riffs neu bepflanzt. Nun sollen die Korallen zum ersten Mal laichen, ein echtes Spektakel – wenn es klappt. Gary Dunn arbeitet und wohnt zeitweise direkt am Riff, auf einer Stahlinsel, die als Tauchbasis dient. Doch selbst wer hier nicht direkt mit dem „Great Barrier“ zu tun hat, lebt naturverbunden: Ali Bee kümmert sich um verwaiste Koalas, der Aborigine Roszaly Aitken hat es beruflich mit Salzwasserkrokodilen zu tun: sehr gefährlich! Ranger Aitken kundschaftet ihre Aufenthaltsorte per Drohne aus und stellt sie online.

BORKUM
2. März, 20.15 Uhr, NDR Fernsehen

TAIWAN
16. März, 20.15 Uhr, NDR Fernsehen

Alfred-Wegener-Institut für Polar- und Meeresforschung, Bremerhaven

Gletscher ändern ihr Tempo abrupt

Mit der Erderwärmung schmilzt auch der grönländische Eispanzer. Forscher beobachten diese Eismasse daher sehr genau. Im Blick haben sie vor allem den Northeast Greenland Ice Stream, kurz: Negis. Dieser 600 Kilometer lange Teil des Panzers bewegt sich im Jahr um mehrere hundert Meter und damit auffallend schnell in Richtung Küste. Forscher haben schon vor längerer Zeit festgestellt, dass der Negis in der Tiefe auffällig gefaltet ist. Diese Falten kommen durch Druck und Dehnung im Eis zustande und galten bisher als einzigartig. Durch Radarmessungen haben Wissenschaftler des Alfred-Wegener-Instituts für Polar- und Meeresforschung (AWI) nun herausgefunden, dass diese Faltenstruktur noch in einem anderen Gebiet nördlich des Negis auftritt. Das Verblüffende: Diese Masse bewegt sich kaum. Sie steht seit mehreren tausend Jahren nahezu still. „Das bedeutet, dass sich das Fließen solcher Gletscher innerhalb von nur wenigen Jahrtausenden, einem erdgeschichtlich extrem kurzen Zeitraum, an- oder abschalten kann", sagt AWI-Eisexperte Steven Franke. Dieses Phänomen sei in mathematischen Eisflussmodellen bislang so noch nicht berücksichtigt worden. „Um die Zukunft der arktischen Gletscher besser abschätzen zu können, sollte dieses ‚abrupte' Verhalten der Eismassen künftig in die Berechnungen einfließen."

University of Cambridge, Großbritannien

Todeszonen für Albatrosse

Die Zahl der Wanderalbatrosse nimmt seit Jahren weltweit ab. Oft werden sie Opfer von Fischereischiffen, die mit Haken und Ködern besetzte Leinen aussetzen. Die Albatrosse schnappen nach den Ködern, verfangen sich und ertrinken. Britische Forscher unter anderem von der University of Cambridge wollten wissen, wo und unter welchen Umständen die Albatrosse verenden. Sie statteten einige Tiere mit Satellitensendern aus, um deren Flugrouten zu verfolgen. Ebenso analysierten sie die Positionsdaten von Schiffen, die sich zur selben Zeit in den von den Albatrossen besuchten Gebieten aufhielten. Schwerpunkt der Studie war die Insel Südgeorgien im Südatlantik. Die dortige Albatrospopulation macht 20 Prozent des Weltbestands aus. Ein Abgleich der Daten zeigte, dass die Vögel vor allem während der Brutzeit und der Aufzucht der Küken in die Gewässer vor Patagonien fliegen – zu jener Zeit, in der die Fischereiflotten besonders aktiv sind. Dabei fühlen sich die Vögel besonders von Schiffen angezogen, die ihre Leinen bis zum Meeresgrund hinablassen. Am häufigsten näherten die Tiere sich Schiffen aus Südkorea, Großbritannien, Chile und von den Falklandinseln. Nun sollen die betroffenen Reeder konkret angesprochen werden, damit diese künftig ein Fanggeschirr einsetzen, in dem sich die Albatrosse nicht mehr verfangen können.

University of Tasmania, Australien

Kelpwald-Aufforstung vor Tasmanien

Die Küstengewässer Tasmaniens sind bekannt für ihren Riesentang *Macrocystis pyrifera*. Die viele Meter langen Organismen bildeten einst regelrechte Unterwasserwälder, in denen Fische, Oktopusse und viele andere Tiere Schutz fanden. Doch der Riesentang – auch Kelp genannt – ist fast verschwunden, die Kelpwaldfläche seit den 1970er-Jahren um 95 Prozent geschrumpft. Grund dafür ist der veränderte Ostaustralstrom. Die Meeresströmung, die an Tasmanien vorbeizieht, ist heute wärmer und ärmer an Nährstoffen. Jetzt haben Biologen der University of Tasmania damit begonnen, den Kelpwald vor Tasmanien wieder aufzuforsten. In einem Areal von der Größe eines Fußballplatzes befestigten sie Algensetzlinge auf Felsen im Wasser. Laut dem Projektleiter, dem Meeresökologen Cayne Layton, handelt es sich um die bislang größte Kelpwaldaufforstung auf der Südhalbkugel. Mehrere Jahre hatten sich die Forscher darauf vorbereitet. Im Labor tüftelten sie die richtigen Kulturverfahren aus, bis sie schließlich Exemplare zur Verfügung hatten, die höchstwahrscheinlich robust genug sind, um mit dem veränderten Ostaustralstrom zurechtzukommen. Der Riesentang wächst in einem Jahr mehrere Meter, sodass in kurzer Zeit ein neuer Wald entstehen dürfte. Verläuft alles nach Plan, sollen weitere Gebiete bepflanzt werden.

Senckenberg am Meer, Wilhelmshaven; Universität Rostock

Das Meereis bestimmt, wer am Meeresboden wohnt

Im Meeresboden um die Antarktis leben viele winzige Tiere, die große Bedeutung für das Leben im Meer haben. Ruderfußkrebse, Hakenrüssler oder Fadenwürmer knabbern an den abgestorbenen Resten von Algen und setzen die darin enthaltenen Nährstoffe frei. Zwei Forscherinnen wollten nun wissen, warum die Winzlinge in der Antarktis in unterschiedlichen Mengen vorkommen. Das Ergebnis: Dort, wo das Meer auch im Sommer von Eis bedeckt ist, gibt es wenige, weil im dunklen Wasser kaum Nahrung in Form von einzelligen Algen zum Meeresboden rieselt. Auch im eisfreien Gebiet zwischen Antarktis und Südamerika gedeihen Algen schlechter, weil Wind das Wasser aufwühlt. Die meisten Winzlinge leben dort, wo das Meereis im Sommer taut. Das Süßwasser aus dem schmelzenden Eis bilde eine stabile und ruhige Wasserschicht, unter der die Algen gut gediehen, so Friederike Säring von der Universität Rostock und Gritta Veit-Köhler vom Institut Senckenberg am Meer. Für ihre Studie untersuchten die beiden Forscherinnen Hunderte Sedimentproben und bestimmten mehr als 500 000 kleine Organismen.

Welches Heft fehlt Ihnen noch?

Alle unten gezeigten mare-Ausgaben sind in unserem Shop erhältlich. Bestellen Sie einfach und schnell unter www.mare.de oder kontaktieren Sie uns per Telefon +49/(0)8105/388-103 oder per Fax +49/(0)8105/388-210. Die Hefte No. 1 bis 18 sowie 20, 21, 23, 25, 28, 30 bis 32, 35, 67, 80, 83, 97, 101, 111 und 120 sind leider vergriffen.

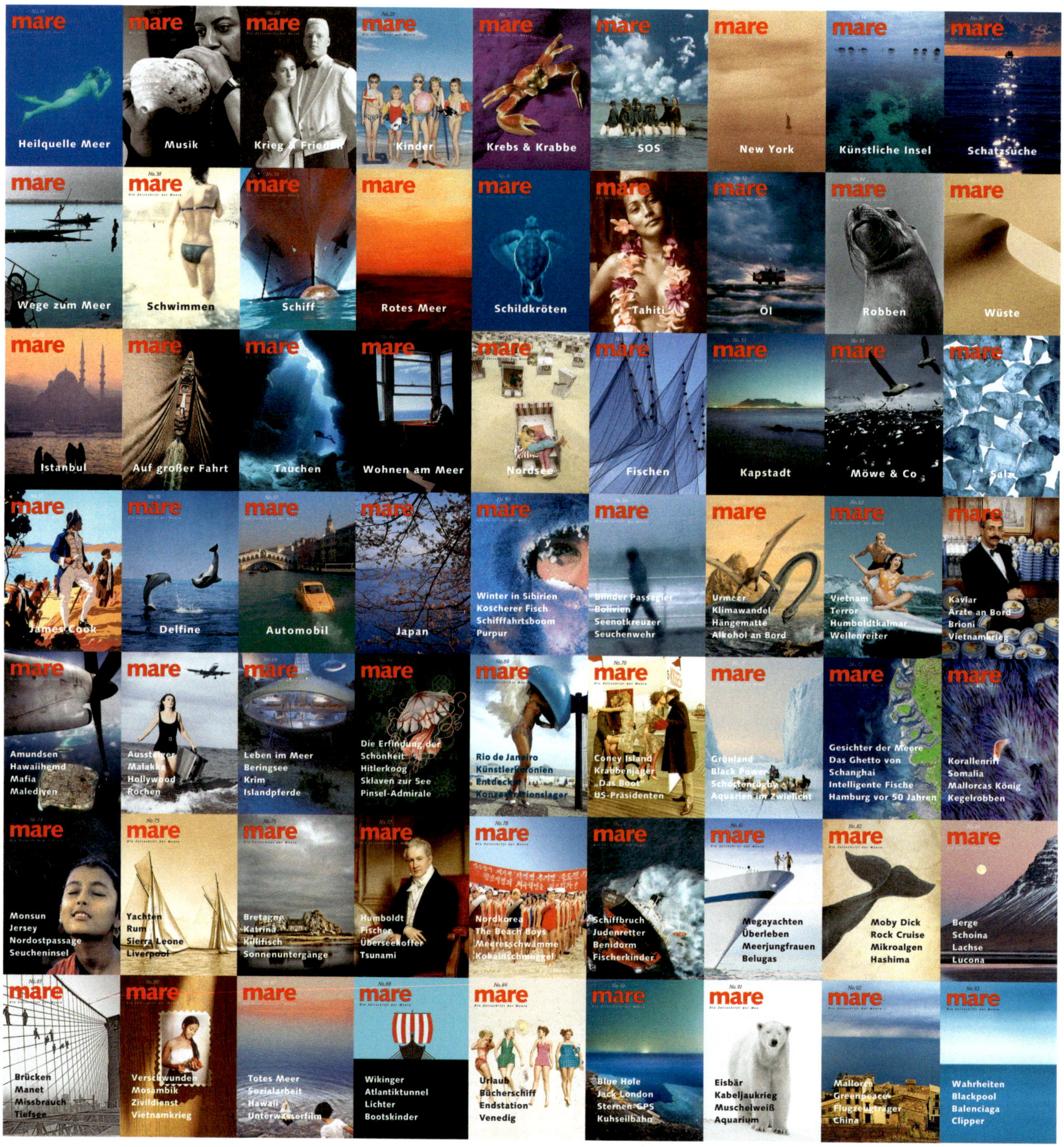

In unserem mareshop unter www.mare.de finden Sie nicht nur sämtliche mare-**Hefte**, -**Bücher**, -**Kalender** und -**Bildbände**, sondern auch passende **Schuber**, unsere beliebten **Badetücher** und viele weitere Produkte. Und wenn Sie vergriffene Hefte suchen oder Platz in Ihrem mare-Regal schaffen wollen, dann schalten Sie doch eine Gratisanzeige in unserem Hafenbasar oder handeln dort mit Ihren gebrauchten Heften.

Zum Beispiel:
mare-**Sammelbox** 30 €

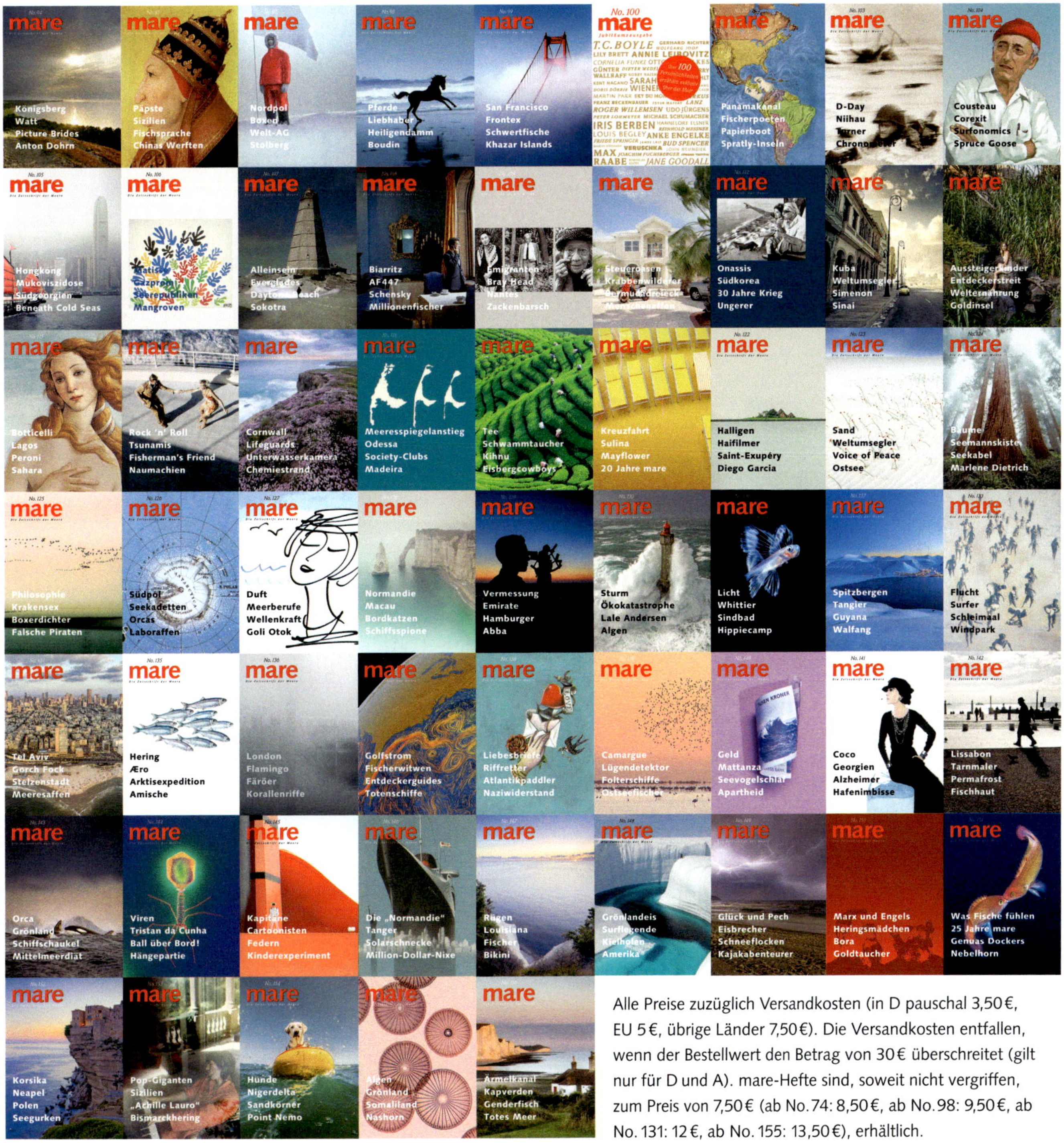

Alle Preise zuzüglich Versandkosten (in D pauschal 3,50 €, EU 5 €, übrige Länder 7,50 €). Die Versandkosten entfallen, wenn der Bestellwert den Betrag von 30 € überschreitet (gilt nur für D und A). mare-Hefte sind, soweit nicht vergriffen, zum Preis von 7,50 € (ab No. 74: 8,50 €, ab No. 98: 9,50 €, ab No. 131: 12 €, ab No. 155: 13,50 €), erhältlich.

Wenig Farben: Gregor Sailers Arktisfotos zeigen die nur scheinbare Ruhe

Kultur

Bilder aus der Arktis

Er fotografierte unter widrigsten Umständen, bei bis zu minus 55 Grad Celsius. Nun sind die Arktisbilder des österreichischen Fotokünstlers Gregor Sailer, Jahrgang 1980, in der Berliner Alfred-Ehrhardt-Stiftung zu sehen. Die Werkserie mit dem Titel „The Polar Silk Road“ wurde mit einer analogen Kamera aufgenommen und zeigt Motive aus Kanada, Norwegen, Grönland und Island. In den zum Teil in militärischen Sperrzonen entstandenen Fotografien befasst sich Sailer mit den klimatischen Veränderungen, der wirtschaftlichen Nutzung und den territorialen Ansprüchen der Anrainerstaaten. Die Begehrlichkeiten sind groß, denn der Temperaturanstieg könnte dazu führen, dass die Arktis in wenigen Jahren in den wärmsten Monaten eisfrei sein wird. Die Eisschmelze eröffnet neue Schifffahrtsrouten und damit neue geopolitische Spannungen: China investiert schon heute unter dem Namen „Polar Silk Road“ in polare Handelswege und den Zugang zu neuen Rohstofflagerstätten. Sailer versteht sich aber nicht nur als Dokumentarist dieser Entwicklung, sondern auch als Künstler. Seine wenig farbintensiven Bilder zeigen die nur scheinbare Ruhe der eisigen Welt. Bewusst setzt er auf analoge Technik. „Die hohe technische Qualität, der Charme des Korns sind reizvoll“, so Sailer. „Die rein mechanische Technik ermöglicht mir längere Arbeitszeiten im Freien. Das Eigengewicht der Kamera lässt mich auch bei Sturm und längeren Belichtungszeiten scharfe Bilder erzeugen.“ Die Ausstellung ist noch bis zum 2. April zu sehen. *mp*

Politik

Unerwünschter Kapitän

Einem jungen deutschen Kapitän drohen Probleme, weil er auf dem Mittelmeer Flüchtlingen zu Hilfe kam. Eine der wichtigsten Agenturen für Schiffspersonal lehnt es ab, den Kapitän weiter zu vermitteln. Kai Kaltegärtner, 33, hatte für Jugend Rettet von 2016 bis 2018 das Schiff „Iuventa“ über das Mittelmeer gesteuert. Später arbeitete er für Sea-Watch. Zunächst stellte dies für die niederländische Zeitarbeitsfirma Total Crew, die international Schiffsbesatzungen vermittelt, kein Problem dar. In Kaltegärtners Lebenslauf waren beide Organisationen genannt, trotzdem wurde er vermittelt. Als ihn jedoch ein Reeder ablehnte und den Link zu einem älteren Artikel aus der italienischen Zeitung „Venezia Today“ mitschickte, änderte sich die Lage. Seinerzeit hatte sich Kaltegärtner an einer Protestaktion beteiligt, in dem Beitrag wird er zitiert. Total Crew erklärte daraufhin, dass man das Risiko weiterer Ablehnungen nicht eingehen wolle und ihn deshalb aus der Vermittlung herausnehme. „Ich war erst einmal geschockt“, erinnert sich Kaltegärtner. Jetzt fürchtet er, dauerhaft nicht mehr vermittelt zu werden. Die Agenturen hätten große Macht auf dem Markt. Zurzeit arbeitet Kaltegärtner für eine Grünen-Bundestagsabgeordnete und will vor Gericht gegen die Diskriminierung vorgehen. In einem Interview sagte der Kapitän, es handele sich um eine „klare Form der Unterdrückung des zivilen Aktivismus zugunsten von Menschen, die Sicherheit und Asyl suchen“. *mz*

Abgelehnt: Kapitän Kai Kaltegärtner

Meeresbiologie

Thun zurück im Øresund

Rund sechs Jahrzehnte lang war der Blauflossen-Thunfisch im Øresund verschwunden. Jetzt kommt die größte Thunfischart zurück – „seit vier, fünf Jahren in immer größerer Zahl“, so Biologe Jens Peder Jeppesen, Chef des Øresund Aquariums, einer Einrichtung der Universität Kopenhagen. Er schätzt, dass im vergangenen Jahr zwischen 5000 und 10 000 Exemplare in der Meerenge zwischen dem dänischen Seeland und dem schwedischen Schonen jagten – vorzugsweise zwischen Helsingør und Helsingborg. An dieser schmalsten Stelle des Øresunds würden Schwärme von Makrelen, Heringen und Hornhechten zwischen August und Oktober zu einer leichten Beute für die 200 bis 500 Kilogramm schweren Kraftpakete. Ihre muskulösen Leiber können sie auf bis zu 80 Kilometer in der Stunde beschleunigen. Besonders bei der Jagd auf Hornhechte springen sie wie diese über die Wasseroberfläche. „Auf einigen unserer eineinhalbstündigen Touren sahen wir

Majestätisch: Blauflossen-Thun

über 100 Sprünge", sagt Jeppesen, dessen Aquarium für Touristen Thunsafaris anbietet. Er führt die Rückkehr des ikonischen Fischs darauf zurück, dass der Fang von Thun international wesentlich beschränkt wurde. Zum anderen hätten sich die Beuteschwärme im Øresund in den letzten zwei Jahrzehnten erheblich erholt. Ihretwegen kämen die Thunfische ab Juni aus dem Mittelmeer um Süditalien, ehe sie ab Oktober wieder dorthin zurückzögen. Die lange Reise in den Norden bewältigten nur die großen Exemplare. „Ein 250 Kilogramm schwerer Thun ist etwa 18 bis 25 Jahre alt. Die größten, die den Øresund besuchen, können 500 bis 700 Kilogramm wiegen und sind 25 bis 35 Jahre alt." *bh*

Technik

Sensor erkennt Ei-Bewegung

Ein Sensor, der dem Ei einer Meeresschildkröte ähnelt, soll dabei helfen, die Nester von Unechten Karettschildkröten aus der Ferne zu überwachen. Der sogenannte Beschleunigungssensor springt an, wenn er Bewegungen in den Nestern aufzeichnet, die unter dem Sand verborgen sind. Psychologieprofessorin Erin Clabough von der University of Virginia in den USA und die Tierschutzorganisation Nerds Without Borders stecken hinter dem Projekt im Schutzgebiet Cape Hatteras National Seashore an der Küste North Carolinas. Nach ihren Angaben können sie mithilfe des Sensors fast auf den Tag genau vorhersagen, wann die Jungtiere schlüpfen. „Das hilft nicht nur den Schildkröten, sondern auch vielen Menschen", sagt Clabough. Denn bisher sperrt der National Park Service weite Teile der betroffenen Strände in North Carolina für Besucher ab. Mithilfe der präzisen Sensorinformationen verkürze sich die Zeitspanne der Strandschließungen deutlich. Auch die Naturschützer könnten besser arbeiten. Sobald die Jungtiere schlüpfen, stehen Freiwillige bereit, um sie zum Ozean zu lotsen. Das ist nötig, weil künstliches Licht sie in die falsche Richtung locken kann. Clabough wurde auf das Projekt aufmerksam, als sie einen Sommer am Cape Hatteras verbrachte. „Es ist eines der magischsten Dinge, die ich je gesehen habe: kleinen Babyschildkröten dabei zuzusehen, wie sie ihre Köpfe herausstrecken und sich auf den Weg zum Ozean machen", sagt sie. Mit dem neuen Sensor ließe sich zudem viel Geld sparen. Bisher gibt der Bundesstaat North Carolina für den Einsatz der 600 000 freiwilligen Helfer rund zwei Millionen Dollar im Jahr aus. *mz*

Vor 50 Jahren

Das Eidersperrwerk wird eingeweiht

Für die Hamburger ist es bis heute ein Trauma. In der Nacht zum 17. Februar 1962 bricht eine schwere Sturmflut über die Stadt herein. Deiche brechen, das Wasser überflutet Teile der Hansestadt. Mehr als 300 Menschen verlieren ihr Leben. An der schleswig-holsteinischen Nordseeküste sind zwar keine Opfer zu beklagen. Und doch sieht die Bilanz nicht gut aus: Es gibt auf einer Länge von 150 Kilometern erhebliche Schäden an den Deichen. Die Experten nehmen daraufhin das Mündungsgebiet der Eider bei der Hafenstadt Tönning in den Fokus. Statt nun den 60 Kilometer langen Seedeich im Eidergebiet weiter zu erhöhen, entschließt man sich für den Bau eines Sperrwerks, was die Deichlinie auf knapp fünf Kilometer verkürzen würde. Das Bauprojekt, das wichtiger Teil des „Generalplans Küstenschutz" ist, läutet eine politische Wende ein. Waren bisher die norddeutschen Bundesländer allein für den Schutz der Deiche an ihren Küsten und Flüssen zuständig, übernimmt nun der Bund mit Sitz in Bonn bis zu 70 Prozent der Neubau- und Instandsetzungskosten. Die Landesschutzdeiche werden verstaatlicht, Küstenschutz wird zu einer nationalen Aufgabe. Im Gegenzug verlieren die regionalen Deichverbände ihren Einfluss. Sie sind nur noch für die zweite Deichlinie verantwortlich, also für die Entwässerung des nachfolgenden Binnenlands. Im März 1967 beginnen die Bauarbeiten. 95 000 Tonnen Felsbruchstein werden verbaut, 48 000 Tonnen Beton angemischt, 18 000 Quadratmeter Spundwände gesetzt. Als das Werk am 20. März 1973 eingeweiht wird, sorgen fünf gewaltige Doppelhubtore für den Schutz vor Sturmfluten sowie in normalen Zeiten für den geregelten Austausch zwischen Fluss- und Meerwasser bei Ebbe und Flut. Die Gesamtkosten: 170 Millionen Mark. Das Eidersperrwerk in Tönning gilt als Jahrhundertbauwerk und ist bis heute das größte Sperrwerk Deutschlands. *fk*

Illustration: Ueli Etter

Gigantischer Freizeitpark auf See: Die 365 Meter lange „Icon of the Seas“ soll 2024 in See stechen

Tourismus

Größtes Kreuzfahrtschiff

Die „Wonder of the Seas“ der US-Reederei Royal Caribbean wird wohl noch in diesem Jahr den Titel des größten Kreuzfahrtschiffs der Welt abgeben. Denn Ende 2023 soll die „Icon of the Seas“ derselben Reederei fertig sein – und noch mehr Superlative bieten: Platz für 7600 Passagiere (plus 2350 Crewmitglieder) statt 7000; 20 Decks statt 18; einen größeren Wasserpark mit insgesamt sechs Rutschen, darunter eine offene Freifallrutsche und eine Floßrutsche, auf der vier Personen gleichzeitig fahren können, sowie den angeblich größten Swimmingpool, den es auf Schiffen gibt. Auch die üblichen Freizeitangebote sind an Bord: Surfsimulator, Eislaufbahn, Infinity-Pool, 40 Restaurants, diverse Shows, verschiedene „Stadtviertel“, Adults-only-Areas und als Besonderheit ein Hochseilgarten, bei dem man in 47 Meter Höhe über die Bordwand hinaus an einer Schiene über dem Meer balanciert. Für Branchenkenner aber ist klar: Die 365 Meter lange „Icon of the Seas“ wird vor allem ein gigantischer schwimmender Freizeitpark sein, den die Reederei selbst als „Thrill Island“ vermarktet. Nachhaltiger Tourismus sei das nicht, kritisiert die Umweltschutzorganisation Greenpeace. „Kreuzfahrtschiffe sind schwimmende Kleinstädte: Sie wollen ein Luxusprogramm bieten, und zwar überall auf der Welt. Dies ist verbunden mit einem enormen Energie- und Ressourcenverbrauch“, so Till Seidensticker, Fachkampaigner für Meeresschutz bei Greenpeace Deutschland. „Solche Reisen sind unvereinbar mit Ideen des nachhaltigen Tourismus. Das Meer dient den Kreuzfahrtschiffen meist als bessere Fototapete, ohne Verbindung zu schaffen – weder mit der lokalen Bevölkerung noch mit der Natur.“ 2024 soll das neue Schiff in See stechen und ganzjährig ab Miami in der Karibik unterwegs sein. *mz*

Klima

Erfolg mit Zuchtkorallen

Weil die Klimakrise Korallenriffe bedroht, werden sie inzwischen gezüchtet. Meeresbiologen der Reef Restoration Foundation (RRF) in Australien haben nun einen Erfolg vermeldet. Vier Jahre nach der Anpflanzung haben Korallen aus der Aufzuchtstation auf Fitzroy Island am Great Barrier Reef zum ersten Mal gelaicht. Das Team konnte das Laichen der *Acropora*-Korallen mit einem Durchmesser von etwa einem Meter beobachten. Das Ablaichen sei ein schöner Meilenstein, der zur Erholung der Korallen beitrage, sagt Azry Saparwan, Meeresbiologe bei der RRF. Korallen laichen jedes Jahr, einige Arten geben massenweise Spermien und Eier ab. Im Great Barrier Reef schwimmen dann Milliarden von Eibündeln an die Oberfläche. Diese können sich zu Larven entwickeln, die neue Kolonien bilden, schreiben die Forscher. Meeresbiologen und Freiwillige der Stiftung hatten mehrere Arten von verzweigten und buschigen Korallen auf Unterwasserrahmen gezüchtet, die 2018 in Teile des kahlen Riffs gepflanzt wurden. Sie hoffen, dass diese Korallen Hitzewellen besser überstehen können. „Der Klimawandel stellt die größte Bedrohung dar“, sagt Saparwan. Eine Hitzewelle im australischen Sommer hatte laut einem Regierungsbericht mehr als 90 Prozent der Korallen des Great Barrier Reef geschädigt. Von 719 untersuchten Riffen wiesen 654 einen gewissen Grad an Korallenbleiche auf. *mz*

Leben

Grabstätte als „ewiges Riff“

Ein US-Unternehmen bietet eine ungewöhnliche Bestattungsform an. Bei der Kombination aus Feuer- und Seebestattung entstehen sogenannte „Eternal Reefs“. Die-

Versenkt: Urne mit Löchern als Riff

se „ewigen Riffe“ sind nicht nur letzte Ruhestätte, sondern bieten Meerestieren Lebensraum. Vier Tage dauert der komplette Prozess, der mit der Einäscherung des Leichnams beginnt. Die sterblichen Überreste werden mit pH-neutralem Beton vermischt. Aus der grauen Masse werden dann sogenannte *reef balls* geformt: 250 Kilogramm bis 1,8 Tonnen schwere, durchlöcherte Kegel mit einer rauen Oberfläche. Bis zur Aushärtung der Oberschicht können sich Trauernde beispielsweise mit ihrem Handabdruck verewigen oder persönliche Nachrichten hinterlassen. Dann wird dieser Sarg mit einer beschrifteten Bronzeplakette versehen und kann in einer feierlichen Zeremonie auf den Meeresgrund hinabgelassen werden. „Seit unserem ersten ‚Eternal Reef‘ im Jahr 1998 haben wir entlang der Ostküste der USA und im Golf von Mexiko schon mehr als 3000 solcher Bestattungen durchgeführt“, erklärt George Frankel. „Die Betonstrukturen haben sich als Ersatzriffe bestens bewährt“, so der CEO von Eternal Reefs. „Schon nach wenigen Wochen siedeln sich Algen, Seesterne und – in tropischen Gewässern – auch Korallen an.“ Je nach Größe liegen die Preise für ein „Eternal Reef“ zwischen umgerechnet 2700 und 7000 Euro. Möglich ist auch die Beisetzung von Haustieren. Angehörige erhalten die Koordinaten der Grabstätte und können sie besuchen – per Boot oder bei einem Tauchgang. *jsc*

Tierschutz

Hightech schützt Pottwale

Die Schweizer Meeresschutzorganisation OceanCare hat ein technisches System entwickelt, um die letzten Pottwale im Mittelmeer vor dem Aussterben zu schützen. Der Lebensraum der verbliebenen höchstens 250 Pottwale, der Hellenische Tiefseegraben, wird jedes Jahr von 30 000 Schiffen und Schnellfähren durchquert. Viele der Meeressäuger sterben beim Auftauchen durch Kollisionen mit den Schiffen. Laut OceanCare sei es einfach, diese tödlichen Zusammenstöße zu vermeiden: mit Umleitungen, einem Tempolimit für Schiffe und dem selbst entwickelten Frühwarnsystem „Save Moby“. „Dabei handelt es sich um ein weltweit einzigartiges Sonarsystem, das Pottwale über deren Klicklaute lokalisiert und den Schiffsverkehr vor Kollisionen warnt“, erklärt das Team von OceanCare. Das Warnsystem setzt solarbetriebene Hightech-Bojen mit Unterwassermikrofonen ein. Diese nehmen die Klicklaute der Pottwale auf und leiten sie in Echtzeit an die Schiffe weiter. So können Kapitäne den Kurs rechtzeitig ändern und den Walen ausweichen. „Das System ist weltweit das erste dieser Art für Pottwale. Aktuell berät die griechische Regierung über den Einsatz“, berichtet OceanCare. Pottwale im Mittelmeer gelten laut Weltnaturschutzunion als „vom Aussterben bedroht“. *mz*

BEDROHTE TIERARTEN: DER DÖNER!

Energie

Entsalzung mit Wellenkraft

Ein kanadisches Unternehmen arbeitet an einer schwimmenden Entsalzungsanlage, die in trockenen und sonnenreichen Küstenregionen zum Einsatz kommen soll. Die Energie für die Pumpen liefern Solarmodule und die Wellenbewegung. Sind die Wellen mindestens einen Meter hoch, wird durch die Auf- und Abbewegung im Inneren des Schwimmkörpers eine Pumpe angetrieben. Diese presst Meerwasser in eine Umkehrosmoseanlage. Zwei Kammern sind dort von einer halb durchlässigen Membran geteilt. Sie hält die größeren Salzmoleküle zurück. Der Wassereinlass ist zudem durch ein feinmaschiges Sieb geschützt, damit kleine Fische, Eier und andere Kleinlebewesen nicht in die Anlage geraten. „Es besteht keine Gefahr für Fische, Eier oder Pflanzen“, versichert der Hersteller Oneka. Bis zu 50 000 Liter Trinkwasser könne die größte dieser Anlagen täglich liefern; das reiche für bis zu 1500 Menschen. Onekas Modelle sollen weit weniger Schäden im Meer anrichten als Entsalzungsanlagen an Land. Diese würden stark salzhaltige Sole ins Meer zurückleiten, die Ökosysteme schädigen können. Oneka reichert nach eigenen Angaben das Abfallwasser dagegen nur so weit an, dass es 30 Prozent mehr Salz enthält als natürliches Meerwasser. Weiteres Plus: Der Schwimmkörper besteht aus recyceltem Kunststoff von bis zu 170 000 Trinkflaschen. *mz*

Illustration: Ueli Etter

Impressum

mare

VERLEGER
UND CHEFREDAKTEUR
Nikolaus Gelpke (V.i.S.d.P.)

STELLVERTRETENDER CHEFREDAKTEUR
TEXTCHEF
Karl Spurzem
spurzem@mare.de

ART DIRECTOR
Nadja Zobel
zobel@mare.de

PHOTO DIRECTORS
Petra Koßmann, Anastasia Hermann
kossmann@mare.de, hermann@mare.de

REDAKTION LEBEN/POLITIK
Dimitri Ladischensky
ladischensky@mare.de

REDAKTION
WIRTSCHAFT/WISSENSCHAFT
Jan Keith
keith@mare.de

REDAKTION KULTUR
Zora del Buono, Martina Wimmer
delbuono@mare.de, wimmer@mare.de

REDAKTION ONLINE
Wiebke Böse
boese@mare.de

LEITUNG MARKETING/KOMMUNIKATION
Jan Lehmköster
lehmkoester@mare.de

VERTRIEBSLEITUNG
Karin Trommer
trommer@mare.de

BUCHHALTUNG
Nicole Steinhauser
steinhauser@mare.de

ORGANISATION
Eva Grünert
gruenert@mare.de

SATZ/LITHOGRAFIE
Andrea Best
best@mare.de

KORREKTORAT
Susanne Feyke

DRUCK
Druckhaus Kaufmann

VERTRIEB
Stella Distribution GmbH
ISSN 1432-928X
ISBN 978-3-86648-445-0

ABONNEMENTVERTRIEB
QS Quality Service GmbH

ANSCHRIFTEN

Redaktion und Verlag
mareverlag GmbH & Co. oHG
Sandthorquaihof
Pickhuben 2, 20457 Hamburg
Telefon 040/36 98 59-0
Fax 040/36 98 59-99
mare@mare.de, www.mare.de

Redaktionsbüro Berlin
Hagelberger Straße 53/54
10965 Berlin
Art Direction: Telefon 030/612 86 154
Photo Direction: Telefon 030/617 027 34
Redaktion Kultur: Telefon 030/612 806 93
Fax 030/612 806 94

ABONNEMENTSERVICE

mare-Service
Postfach 11 10 11, 20410 Hamburg
service@abo.mare.de
Telefon +49/(0)40/3007-3536, Fax -853536
Jahresabonnement: 67,50 Euro
Studentenabonnement: 60,75 Euro

mare ist stets erhältlich im
Bahnhofs- und Flughafenbuchhandel.

mare erscheint im mareverlag
GmbH & Co. oHG, HRA 90234,
PHG: Dreiviertel Verlag GmbH,
HRB 63029, Nikolaus Gelpke

ANZEIGEN

ANZEIGENLEITUNG mare
Anke Wiegel
Speersort 1, 20095 Hamburg
Telefon 040/3280-345
anke.wiegel@zeit.de

LIFESTYLE
Rudigier Consulting
Telefon 089/3742 6655
Mobil 0160/9094 9098
Steinbacherstraße 8, 81675 München
patricia@rudigier-consulting.com

INTERNATIONAL
iq media marketing gmbh
Gerda Gavric-Hollender
Telefon 0211/887-2343
Toulouser Allee 27, 40211 Düsseldorf
gerda.gavric-hollender@iqm.de

BILD- UND TEXTNACHWEISE

Bildnachweise

(l.: links; r.: rechts; M.: Mitte; o.: oben; u.: unten)

Titel: Jan Windszus, Fotoassistent: Ali Ghandtschi; S. 2 (Hintergrund): mauritius images/Hemis.fr/Franck Chaput; S. 3: Mathias Bothor/Photoselection; S. 4 v.o.l.n.u.r.: João Pina/Maps Images; Tanya Habjouqa/NOOR; The Rooms Provincial Archives, Item IGA 2-37; Razmik Manoukian; Jan Windszus; © Moomin Characters™; Sovfoto/UIG/Bridgeman Images; S. 6/7: mare/Illustration: RB+MKB-Deskkart, Hamburg; S. 10–27: João Pina/Maps Images; S. 27 (Karte): Peter Palm, Berlin; S. 29: Helen Frankenthaler, „Sea Level“, 1976, Photo © Christie's Images/Bridgeman Images/© Helen Frankenthaler Foundation, Inc./VG Bild-Kunst, Bonn 2022; S. 31, 33, 34 (alle): Tanya Habjouqa/NOOR; S. 34 (Karte): Peter Palm, Berlin; S. 37: Angelika Leuchter, Wissenschaftskolleg zu Berlin; S. 38: White Images/Scala, Florence; S. 39: Online: www.wikidata.org/wiki/Q378344#/media/File:Wilfred_Grenfell_Purdy.jpg (Stand: 30.11.2022); S. 41 o.: The Rooms Provincial Archives, Item IGA 2-37; S. 41 u.: Courtesy of The Peary-MacMillan Arctic Museum, Bowdoin College; S. 42 o.: The Rooms Provincial Archives, Item IGA 1-316; S. 42 u.: The Rooms Provincial Archives, Item IGA 1-283; S. 44: The Rooms Provincial Archives, Item IGA 2-67; S. 46/47: Razmik Manoukian; S. 47 u.: Razmik Manoukian; S. 48 o.: Jack Lattrel; S. 48 u.: Privatarchiv Kevin McAleer; S. 49 o.: Andy Shonley; S. 49 u.: George Klein; S. 51: Roland Brockmann; S. 53–72: Jan Windszus, Fotoassistent: Ali Ghandtschi; S. 73 (Karte): Peter Palm, Berlin; S. 74/75: The Bayeux Tapestry – 11th Century. City of Bayeux; S. 78/79: The Bayeux Tapestry – 11th Century. City of Bayeux; S. 80/81: akg-images/De Agostini Picture Library; S. 82 und 83 (alle): qaphotos.com/Alamy Stock Foto; S. 84: Trinity Mirror/Mirrorpix/Alamy Stock Foto; S. 87 (Illustration): Orlando Hoetzel; S. 88: © Tove Jansson Estate; S. 89: © Moomin Characters™; S. 90: © Per Olov Jansson; S. 91: © Reino Loppinen/Lehtikuva/CAMERA PRESS/laif; S. 92/93 o.: Jarno Koivula; S. 92 u.: © Per Olov Jansson; S. 96: Heritage Image Partnership Ltd/Alamy Stock Foto; S. 97: Pjotr Kurkin, Tschechow-Museum Melichowo; S. 98 und 99: From the collection of the Vladimir Dahl Russian State Literary Museum (Russia, Moscow); S. 100: Photography Collection, The New York Public Library; S. 101 (beide): From the collection of the Vladimir Dahl Russian State Literary Museum (Russia, Moscow); S. 102: akg-images; S. 104 (beide): Jonas Dahm; S. 105 (beide): Tobias Friedrich/Frederking & Thaler Verlag; S. 106 (Illustration): Catherine Meurisse/Carlsen Verlag, Hamburg 2022; S. 107 (Illustration): Thilo Krapp/Carlsen Verlag, Hamburg 2022; S. 111 (Porträt): Mathias Bothor/Photoselection; S. 112 (Illustration): Gregory Gilbert-Lodge; S. 115 (Illustration): © Vectortatu/Dreamstime.com; S. 115 o. (Porträt): Andreas Weiss; S. 115 u. (Porträt): Mathias Bothor/Photoselection; S. 117: Tony Wu/naturepl.com; S. 118: Look and Learn/Bridgeman Images; S. 119 (Kasten): Nicole Strasser; S 119 o.: DEEPOL/plainpicture; S. 124–127 (Illustration unten): Ueli Etter; S. 124 o.: © Gregor Sailer, VG Bild-Kunst, Bonn 2021; S. 124 u.: Julia Baier; S. 125: mauritius images/SOTK2011/Alamy Stock Photos; S. 125 (Kasten): Online: https://commons.wikimedia.org/wiki/File:Eidersperrwerk_Flut_und_Ebbstrom_(49501427437).jpg (Stand: 04.01.2023), Bundesamt für Wasserbau CC BY 4.0; S. 126 o.: Royal Caribbean International; S. 126 u.: Eternal Reefs; S. 127: Kriki/Christian Groß; S. 128: Heike Ollertz/Agentur Focus; S. 129 (Ausschnitt): Giacomo Balla, „Marina“, 1919, Privatbesitz, VG Bild-Kunst, Bonn 2023; S. 130: Heidrun Boddin; Heftrücken: Conny Bangert.

Textnachweise

S. 28 l.: Jan Volker Röhnert, „Vormittag am Meer“, aus: „Metropolen“, Edition Lyrik Kabinett, Hanser Verlag, München, 2007; S. 28 r.: Leona Stahlmann, „Diese ganz belanglosen Wunder“, dtv, München, 2022.

Der Abonnementauflage von mare sind Beilagen von Plan International und Biber Umweltprodukte hinzugefügt. Wir bitten um freundliche Beachtung.

ClimatePartner
klimaneutral
Druck | ID 11061-1707-1001

mare wird klimaneutral hergestellt und an die Abonnenten in einer kompostierbaren Biofolie versendet.

Vorschau

mare No. 157

ab 4. April im Zeitschriften- und Buchhandel

April/Mai 2023

Aufbruch in die Moderne

Der 1895 eröffnete Nord-Ostsee-Kanal war nicht nur ein Wunderwerk der Technik. Er symbolisierte auch Deutschlands Aufbruch in die Moderne, der alle Bereiche des Lebens betraf – die Wirtschaft und Wissenschaft ebenso wie die Geisteswelt der Deutschen, in der auf einmal Menschenwürde und Frauenrechte eine große Rolle spielten. Wie konnte es in einem Land, wo eine konservative Pickelhaubenelite den Ton angab, dazu kommen?

Weitere Themen im Heft

Westfriesische Inseln
Die Westfriesischen Inseln liegen vor der niederländischen Küste – und sind doch ein eigener Kosmos. Ein Besuch.

Albatrosse auf Verbrecherjagd
Mit Peilsendern ausgestattete Albatrosse helfen dabei, illegale Fischereischiffe aufzuspüren.

Meerestiere aus Papier
Die japanische Scherenschnittkünstlerin Masayo Fukuda erschafft Meerestiere aus einem einzigen A2-Bogen Papier.

Die in Hamburg lebende Illustratorin Heidrun Boddin bebilderte für mare den Schlager „Kleine weiße Möwe" von 1952. Das Seemannsabschiedslied des Komponisten Norbert Schultze und des Texters Fritz Graßhoff wurde durch Interpretationen Hans Albers' und Lale Andersens bekannt. Graßhoff (1913–1997) hatte in der 1950ern Erfolg als Maler, arbeitete aber auch als Journalist, Übersetzer, unter anderem aus dem Altgriechischen, und als Schriftsteller. Obwohl er zu den meistrezitierten deutschen Autoren gehörte, nahm ihn die Kritik vor allem für seine Schlagertexte wahr. Enttäuscht zog er sich in Kanadas Einsamkeit zurück. Erst posthum fanden sein Roman und seine Lyrik Anerkennung im Literaturbetrieb.